JN302560

# ともに戦える「仲間」のつくり方

南壮一郎
minami soichiro

ダイヤモンド社

# プロローグ

## それが仲間といえるのか？——拒絶される日々、突きつけられた問い

「南さん、私はあなたの仲間にはなれません」

これは、僕があるエンジニアから告げられた言葉だ。

「あなたはただ、自分のしてほしいことを言ってるだけで、実際に手を動かして働く者のことなんて考えてない。結局、人を道具としてしか見てないんじゃないですか？」

その頃の僕は、新規事業立ち上げのためのシステム開発のエンジニア探しに奔走していた。求職者課金型の転職サイトという、それまで誰もやったことのないインターネットサービスを創るために、そのシステム開発ができる人間がどうしても必要だと思っていたのだ。

出会いはどこに落ちているかわからない。僕は人が集まる場があると聞けばどんなところにでも顔を出していた。異業種交流会、誕生会、同窓会、学生の集まり……耳にした集まりには絶対に顔を出すようにした。そして会う人全員に自分の事業構想を話して、興味を持ってくれるエンジニアがいないか聞き続けていた。

その甲斐あって、やがてエンジニアの集まりに招待されるようにもなり、片っ端から参加した。システム開発については正直よくわからなかったので、ビジネスモデルやその可

能性、未来に向けた事業構想について熱く語り続けた。

ところが、僕の話は彼らにはまったく響かなかった。

僕にはその理由がわからなかった。自分の努力や熱意が足りないのではないかと考え、それまで以上に熱心にエンジニアに会っては口説くようになっていた。

ゆうに100人を超えるエンジニアと会った頃だろうか。あるエンジニアの会合に出席し、いつもの調子で仲間になってくれそうな人はいないかと探していたら、主催者からこう告げられた。

「南さん、あなたは確かに素晴らしい経歴をお持ちですし、情熱があるのもわかります。けれども、はっきり言ってあなたはエンジニアに嫌われるタイプなんですよ。雰囲気を壊しますし、この会合にはもう来ないでもらえますか？」

きっぱりと出入り禁止を言い渡されてしまったのだ。そのときはただ、一つくらい出入り禁止になっても他を当たればいいと思っていたが、同じ頃に別のエンジニアからはこう指摘された。

「南さんはひとりよかりすぎる。いくら熱心に口説かれても、私の気持ちは動きません」

ひとりよがりと言われても、当時は心外だとしか思わなかった。自分は利己心から言っているわけじゃなくて、社会によい影響を与えるような新規事業の立ち上げに向けてがんばっているだけなんだと必死に説明したのだが、最後にはこう突き放されてしまった。

「南さんの言動には打算が透けて見えるんですよ。仲間になろうと言われても、ただあなたに利用されるだけのような気がしてしまって。それって本当に仲間といえますか? あなたとは一緒に仕事したくないです」

それが仲間といえるのか。――その言葉が僕の心をえぐった。

僕は仲間になってほしいと心底想い、お願いして回っていたが、それは自分のために働いてくれという意味でしかなかったんじゃないだろうか? それを仲間と呼べるのだろうか?

では、仲間とは何なのだろう?

そう考えて、僕はようやく悟った。

拒まれているのは僕の構想ではない。僕自身だ。

それまでは自分のビジネス構想や、システム開発のオファーを断られているだけだと思っていた。しかし否定されているのは南壮一郎という人間なのだ。そんな状況で仲間になってくれるエンジニアがいるわけもなかった。

そう考えるに至り、状況がますます悪化していく中で、深く落ち込んだ。

だけど僕にとって、それはありがたい批判だった。批判と向き合うことで、自分に何が足りないかを知ることができ、崖っぷちの新規事業を立て直し、起死回生につなげることができたのだ。

本当の仲間とは何なのかと考えることで、仲間のためを考えて行動することができるようになった。拒まれ否定された挫折から学んだことで、素晴らしい仲間を得ることもできた。

そんな仲間たちと築き上げたのが、ビズリーチという会社である。仲間たちのこと、そして仲間たちとともに取り組んできたことは、誰に対しても誇れる宝物だと思っている。

この本では、そんな仲間について書こうと思う。——前著ではスポーツビジネスの世界に飛び込んだ僕自身の経験を僕の目線で書かせていただいたが、この本では僕も登場人物の一人にすぎない。ここから先は仲間のことを書くにあたって、僕と仲間たちが経験したことをストーリー形式で書きつづっていきたい。

登場する人物は皆、僕にいろいろと教えてくれた先生であり、苦楽をともにしてきた戦友であり、何よりも信頼する仲間であったりするのだが、一人ひとりに敬称をつけていてはストーリーの流れが滞ってしまう。仲間力をめぐる物語を進めるにあたって、敬称略で書かせていただくことをお断りしておきたい。

また、各章末には、それぞれのエピソードから得られる仲間に関する学びについて、まとめている。それぞれ、「巻き込まれる」「探す」「誘う」「信じる」「心を動かす」「一緒に成長する」「任せ合う」という七つのポイントを提示した。まとめてみて気づかされるのは、どれもノウハウというよりは、仲間を求める際の「自分との向き合い方」に集約されるものばかりであることだ。まさに、仲間は自分自身を映す「鏡」なのだ。

今、夢に向かって一人でもがいているすべての人にとって、これらのメッセージが新しい一歩を踏み出すきっかけになれば、これほど嬉しいことはない。

仲間とは何なのか、それはほかならぬ仲間たちが教えてくれた。そんな仲間のおかげで今の自分がある。――そのことを噛みしめながら、このストーリーを書き進めていこう。

ともに
戦える
「仲間」の
つくり方

# 目次

# 第3章 一瞬の出会いにすべてを賭ける

## 第5章 崩壊寸前のベンチャーを救える最強の仲間
### ――「できないこと」を認めたとき、仲間からの「信頼」が生まれる



Lesson5

## 第6章 最高の仲間は、実は近くにいる
### ――ともに成長するための「場」を作る……161



### Lesson6

## 第7章 仲間がチームになった真夜中の「ビズリーチ・タイム」

## Lesson7

# 第8章 仲間とともに、次の夢へ

第 1 章

# 「まずは巻き込まれる」ことで見えた新たな夢

## ――「すべてを一人で」「一番最初に」という思い込みを外そう

## 「このままでいいのか？」——大先輩につきつけられた人生の選択

２００６年8月。

自分は、夢を叶えた——。

30歳になったばかりの南壮一郎は、本気でそう思っていた。

日本プロ野球界において50年ぶりとなる新設球団、楽天イーグルスの創業メンバーとなり、念願だったスポーツビジネスの世界で存分に働くことができたのだ。苦しい道のりもあったが、そのすべてが球団の運営という仕事に結びついていて、「自分のやりたいことはこれなんだ」という確かな手応えを日々感じることができた。

だからこそ、球団創業2年目という大事な時期に、まさか球団社長から退社を勧められるなどとは、想像すらしていなかった。

「南君は、今後どうするんだ？」

島田亨球団社長は、南に向かってそう切り出した。

「このままここにいるの？」

南には質問の意図が理解できなかった。当たり前じゃないかと思いつつ、即座に返事した。

「やりがいもありますし、楽しくやってます。このままがんばっていきますよ」

しかし球団社長は、重ねて尋ねてきた。

「南君は、本当にそれで満足できるのか？」

今度は即答できなかった。

その問いかけは、南をもう一度自分自身に向き合わせたのだ。

――僕は本当に、このまま楽天イーグルスで働き続けていれば満足できるのだろうか？

南はそう自問した。その問いに対しては、YESと答えることはできなかった。

そんな南の内心など、島田にはお見通しのようだった。

「南君は楽天イーグルスという誰もが知っている新規事業の創業者の一人だ。このまま残れば、三木谷さんのことだから、どこかのタイミングで球団社長に抜擢する可能性すらある。それが何年後かはわからないけれど、たとえば5年後だとしよう。すると35歳で、プロ野球史上最年少の球団社長になるかもしれない」

島田の語る未来像は輝かしいものだった。プロ野球界、いや、スポーツ業界で働く人間にとっては、夢のような未来像だ。

しかし、南壮一郎にはそう思えなかった。南の抱いている夢は違うものだったのだ。

「もう一度聞くぞ。それで、おまえは本当に満足するのか？」

島田が尋ねた。彼は単なる球団社長ではなく、かつて南の語る大きな夢に耳を傾けてくれた最大の理解者の一人でもあった。

南壮一郎の生涯の夢、「メジャーリーグの球団オーナー」。

それを実現するのに、今のままでいいのか?

そのままでなれると思っているのか?

島田から南への問いかけは、明らかにそういう意味を持っていた。

南は、この瞬間から島田の問いに深くはまり込んでしまう。

はたして今のままで、夢を叶えることができるのか。このままここにいていいのか。それで満足できるのか。

そんな疑問について考えることは、今の自分と未来の自分を考えることでもある。

考え込んでしまった南に対して島田は、その話を次の言葉で締めくくった。

「南君、このまま楽天イーグルスにいても、球団オーナーにはなれないよ」

## 「夢の舞台」からの退場――憧れに追いつくための決断

創業メンバーとはいえ、南は、球団全体の経営には直接タッチしていなかった。

自分の担当する部門の予算は管理していても、会社全体の資金の動きや部門横断的に経営状況を見る立場にはなかったし、中長期的な経営戦略の詳細については何も知らなかった。もっというと、そのことに不足を感じてすらいなかった。

要はマネージされる側だったのだ。球団社長の管理の下で、自由にやらせてもらっている身にすぎない――それがその時点での立ち位置だった。

しかし楽天球団を実際に動かしている者たちは、皆「経営者」だった。オーナーの三木谷浩史や球団社長の島田亨をはじめ、経営陣は皆、球団全体を見通しながら財務管理をして、経営戦略を立てることができる者ばかりだ。

彼らは誰かにマネージされる人間ではなく、球団を、会社をマネージする側の人間だった。特にトップの二人は、ゼロから起業して、会社を上場までさせた凄腕の経営者であり、新しい事業を創り、運営する経営のプロだった。

そんな彼らと比較して、自分自身はどうだろう。――南はそう考えてみた。

彼らのことを「かっこいい」と思っていた。憧れていた。「うらやましい」とも思った。

今の自分には、彼らに匹敵する力はない。このままマネージされる側であり続けたら、いつまで経っても追いつけやしない。追いつくためには、一度彼らのもとを離れて、自分自身の力で経営についてつかまなければ――。

そこまで思い至った翌日、南は島田のもとを訪ねた。

このままでいいのか、その問いかけに答えるためである。

冗談めかして口を開いたのは、精一杯の意地だったのかもしれない。

「これって、新手のクビの仕方ですよね」

島田は苦笑いした。

「おまえはバカか」

いつもながらの南のユーモアに呆れているようだった。しかしその声を聞いた途端、南は自分の中にあったモヤモヤが晴れていくのを感じていた。

南はわかっていた。南自身が考えたのと同じくらい、島田も南のことを考えてくれていることを。であれば、島田の問いかけから導き出される結論も、明らかだった。

そして南は、真顔に戻って答えを告げた。

「わかりました。島田さんが、そこまで言ってくださるのなら」

島田に答えを伝えた日から数えて9か月後。楽天イーグルスの創業3年目のシーズンが無事開幕をしたのを見届けた、２００７年5月。

南壮一郎は、「夢の舞台」だった楽天イーグルスを退場した。

自分自身の夢に向かって、自ら道を切り拓いていくために。

## 「産業革命」の時代、何をやれば面白い？

退社後の1年間は充電期間。何もしない。

そう決めていた南だったが、そんな生活は3か月と続かなかった。

何もせず、じっと充電していることなどできなかったのである。有り余るエネルギーをもてあました南は、我慢できずに動き出した。動き出さずにいられなかったのだ。

南が自身の好奇心を満たすために始めたのは二つのことだった。

一つは、様々なジャンルの人に会うこと。環境、エネルギー、食品、医療――面白そうだと思う成長分野を見つけては、その道のプロに会っていった。元アナリストという強みを生かし、「業界全体のマクロの成長が期待できる分野」の実情を知るための情報収集だ。

もう一つは、頭に浮かぶことをアイデアにまとめ、仲間とぶつけ合うこと。週に何度か、気の合う仲間と集まっては「どんな新規事業をやったら面白いだろう」などといったテーマで、楽しくも真剣に話し合う、というものだ。このようなブレスト目的の集まりを四つほどかけ持ちし、多様なメンバーと毎週のように集まっていた。

情報収集とブレストを続ける中、南の頭の中では次第に一つの問いが膨らんでいった。

自分はいったい、何をやるべきなのだろう。

楽天を辞めてから半年が経っても、答えはまだ見つかっていなかった。楽天を飛び出してはみたものの、次にどこを目指せばいいのかわからないのだ。１年と決めた充電期間の間にはたして見つかるのだろうか。

自ら道を切り拓こうにも、方向さえ定まらない。自分が興味を持てるものは何なのかもわかっていない状態だった。憧れていたスポーツビジネスの世界を離れてまで自分を追い込んだというのに、肝心の次の一歩を踏み出せないでいた。

皮肉なことに、その状態から這い出すヒントをくれたのは、またもや楽天イーグルスだった。初年度の球団の立ち上げに向かって必死に働いていた頃、何度も繰り返してきたスローガンが南の中によみがえってきたのだ。

「僕らが今やっているのは歴史づくりだ。10年後、僕らの子どもの教科書に出てくるようなことをやっているんだ」

楽天イーグルスの創立が正式に決まり、創業メンバーとなった南は、わずか5か月でおよそ半世紀ぶりの球団をスタートさせるという大きな壁に向かってもがいていた。そんな折に仲間と自分自身を鼓舞してくれたのが、そのスローガンだった。

その言葉を自分にあてはめてみた。次の一歩が見つからないなら、もっと広い視点から考えてみようと思った。

未来から今の時代を見たらどう感じるだろうか。何百年も経ってから今の時代を振り返ったら、どういうことが歴史に刻まれているのだろうか。逆に、世界史で何百年か前に起こったことで、ビジネスの世界でインパクトを持っている出来事は何だったろう?

こんなふうに「歴史」という言葉から辿り着いたキーワードが、誰しも歴史の教科書で習う「産業革命」だった。そういう目で今の時代に何が起こっているのかを客観的に見てみると、これはもう明白だった。デジタル化という新しい波が世界中ですべての業界を飲み込んでいる。まさに、「インターネット革命」「情報革命」の時代にいるのだった。

振り返ってみれば、楽天イーグルスがプロスポーツ界に一番貢献した功績は、インターネットを活用した集客やマーケティングだと感じていた。プロ野球という古い体質の業界の、最も重要な戦略である集客のあり方を変えてしまったのだ。当時、隣の部署が次々と画期的な成果をあげていくのを見て、来場したファンを楽しませる部門で働いていた南は驚愕したのだった。

にもかかわらず、ビジネスマンとしての南は、金融とスポーツ（その中でも特に興行の部分）の世界にしか携わったことがない。これは、産業革命の時代に蒸気機関という新しい波に関わらないようなものだ。これはもったいないことをした、と痛感した。今の自分は、世の中で起こっている情報革命のことを知らなさすぎる。

現在進行中の革命があるのなら、それには関わったほうがいい。未知の分野は自らをレベルアップさせる舞台にはうってつけだ。

次の一歩が見つかった。南は勉強会と並行してインターネット業界の人々に会い始めた。

## 「10年遅い」のか「まだ10年」なのか？

しかし南を待っていたのは、冷たい言葉ばかりだった。

「おまえ、10年遅いよ」

インターネット業界の人々は皆そう言った。毎回毎回、南は必ず「遅い」と言われた。

「10年遅い。今は2007年だよ。1997年だったらわかるけど」

確かにそうなのだろう。しかし南はこう考えた。

——産業革命は10年で終わったのか？

その後の歴史を見れば明らかだ。世界のあり方を変えるような大きな革命は10年で終わったりしない。何百年にもわたって世界中の人々に影響を与えたはずだ。ならばインターネット革命だって、この10年で終わってしまったはずがない。情報革命の大波はまだ続いているし、今だからやれることだってあるに違いない。

「お前、インターネットのことを何もわかっていないじゃないか」

そう言う人もいた。しかし南は、わからないからやりたいのだった。わからないことをやったほうが面白い、わからないから自分も成長する、というのは、南が楽天イーグルスで学んだ大事なことの一つだった。それでも人々の話に耳を傾け続けていると、特に印象に残る三つのことが浮かび上がってきた。

一つは、

「この革命でやれることは、予想以上にまだまだたくさんある、すなわちチャンスはいくらでもある」

ということだ。すでに遅いという人もいたが、素人の自分には革命は始まったばかりのように感じられた。

二つめは、

「インターネットはどんな業界も変えられる素晴らしいものだ。自分はエンジニアではないので『創る』ことはできないが、インターネットをツールとして使いこなしてみたい」

ということ。18世紀の産業革命の場合、核になったのは蒸気機関による生産性の向上だった。蒸気機関そのものの構造よりは、「それを使って何をするか」がポイントだったのだ。それを現代の情報革命にあてはめれば、インターネットという伝達手段が確立された今こそ、それを活かして何をするかが問われるはずだった。つまり「10年遅い」くらいでちょうどいいともいえる。

三つめは、

「インターネットと金融は似ている」

ということだった。インターネットを情報ビジネスと捉えれば、そのあり方は、物流も在庫もない、自身が育った金融ビジネスとも重なった。

たとえばトウモロコシの先物取引の場合、別にトウモロコシそのものをやりとりするわけではない。そこで動くのは価値と情報だ。同様に、インターネット上でやりとりされるのも情報でしかない。つきつめれば、０と１の電子信号でしかない情報に、人間が価値を与えているのである。インターネットのビジネスは、情報にどんな価値を見いだすかにかかっている点では金融ビジネスに似ていて、同時に、定量的な判断軸での物事の捉え方は自分の肌にも合うものだった。

10年遅い、というのはあくまで周りの判断でしかない。南は10年遅いということにこそ価値を見いだせると考えた。それなら後は簡単だ。「できない理由」を考えるのではなく、何ができるか、チャンスはどこにあるのか、を考えればいい。

2007年8月、南は株式会社ビズリーチの会社登記を行った。インターネットという自身がまったくわからない領域でも、様々なビジネスチャンスに対して、主体的に、そして積極的に手を伸ばしていこう（リーチしていこう）という意味を込めた社名だった。だから定款の「事業内容」の最後には、自分にとって未知である「インターネット・サービス」と書き添えておいた。

サービスの価値はこれから作っていけばいい。それこそが、次に自分が踏み出すべき一歩。南は、そう心に決めたのだった。

## アイデアの「種」は、仲間の中に

インターネットはすごく面白いと気づいた頃、次のヒントは仲間たちからもたらされた。

定期的に行っていたブレストの会の一つ、通称「ロイホの会」から生まれたアイデアである。渋谷の道玄坂にあるロイヤルホストで夜10時から終電まで話し合う集まりで、そこには当時リクルートで働いていた杉山純一と河合聡一郎が参加していた。この場での他愛もない会話が、やがてビズリーチのサービスの核となるコンセプトへと膨らんでいくとは、当時は誰も思っていなかった。

ある晩、河合が熱心に自身が所属する人材業界のことを話してくれた。南はそこで初めて人材を扱うビジネスについて知った。

「人材業界も、見方によっては金融業界に似ているな」

当然ながら、人材業界といっても実際に人が取引されているわけではない。そこで取引されるのは、あくまで「人の情報」だ。トウモロコシの先物取引と同じく、その情報が価値を生み出す。だったらインターネットとも相性がいいはずだと思えた。

## 27人のヘッドハンター全員が、違う仕事を紹介？

一方で南自身は、日常生活の中でも人材を扱うビジネスに対して違和感を抱いていた。実は当時、自分でも転職活動を始めていたのだ。

個人会社としてビズリーチを設立したが、面白い事業をやらせてくれる企業があれば、そこで新規事業をやるのもいい。楽天イーグルスで教わったのは、サラリーマンでもとことん面白いことは追求できるし、組織に属して新規事業を手がけたほうが、より大きなスケールで動ける場合もある、ということだ。目的は「インターネット事業の立ち上げ」なのだから、働き方や起業にこだわる必要はない。新規事業をやれる会社を見つける、というのも当時の選択肢の一つだった。

ところが転職活動はまったく思うように進まなかった。

初めての転職活動ということもあり、まずは友人に相談したところ、いくつかの有力な転職サイトを紹介された。しかしそこを見ても、やはり南の目指すような管理職向けの求人や新規事業に関われそうな求人は一つもない。情報を探すことの大変さばかりが感じられた。

そうなると南も意地になってくる。徹底的に転職活動をしてやろうと、「ヘッドハンター」という人たちに会うことにした。外国人も含めて約1か月で27人に会い、自分の転職に対する求人情報を出してもらったのである。

その結果は驚くべきものだった。27人全員が、違う仕事を紹介してきたのだ。しかも全員が、

「南さんには、この仕事が一番ピッタリだと思います」

と自信満々にアドバイスしてきたのだ。27件の転職先すべてが、ぴったり合致するなん

てことがあるのだろうか？

同時にこうも思った。これまでいろいろな選択肢が出てきたけれど、本当にそれだけなのだろうか。各々のヘッドハンターが紹介してくれた仕事だけが自分に合った選択肢なのだろうか。27人がそれぞれ別の情報を持ってこられるなら、あと100人のヘッドハンターに会えば、いったい何件の選択肢が増えるのだろうか？

自分のことを考えると、アドバイスをしてもらうよりも、できるだけ多くの選択肢から選べるように、とにかく情報収集だけを単純に手伝ってくれるようなサービスのほうがありがたいと感じた。

## 思い通りにならない「転職活動」——その瞬間、解決すべき問題が見つかった

南が転職活動に満足できなかった原因は、人材業界のビジネスモデルを見れば明らかだった。

ヘッドハンターが所属する人材紹介会社は、転職の相談に来た人ではなく、転職先の企業を「真」のお客様にしている。人材紹介会社は、中途採用の依頼をした企業に求職者を紹介し、実際転職が決まると、企業から年収に応じた報酬が支払われる仕組みになってい

る。裏を返せば、人材紹介会社は、自分が契約する企業の求人案件の中でしか、求職者に仕事を勧められない。そのことが、人材紹介会社に相談しても求職者にマッチする情報がすべて手に入るとは限らない、という状況を生み出している根本的な要因だったのだ。

求職者が「お客様」になるような仕組みはないのか。自分が欲していたのは、アドバイスではなく、情報の量だ。「キャリア・チェンジ」は、家を買うのと同じくらい人生で最も大事な判断の一つなのに、十分な選択肢を見たうえで判断できないなんて。実際に求職側に身を置いたことで、南には求職者の多くが抱くであろう不満がよくわかったのだ。

その一方、大きな視点に立ってみると、求人する側の企業についても見えてくる。企業も、できるだけ多くの優秀な人材の中から採用をしたいはずだ。ここにある問題点は、たとえば法人営業の仕事などと比べてみるとよくわかる。法人営業であれば、行動量を増やし、お客様となりうる企業への接触頻度を増やすことで、自社にとって顧客となりうる取引先候補を増やすことができるだろう。

だが、企業の採用という世界はまるで違った。採用という企業にとっての生命線ともいえる業務の大半が、外部の人材サービス会社に丸投げするしかないような致命的な状況に見受けられた。なぜ、企業が主体的に自分たちの力で人を探せるような仕組みやツールがないのか不思議だった。

世の中はこんなに便利になっているのに、なぜこんなに不便なのだろう。雇う側も雇われたい側も1か所に集まって、情報交換会でもやればいいのに――。

閃きは突然だった。

「あ、こういうのをインターネットで解決すればいいんだ!」

ロイホの会で仲間に刺激されてぼんやりと浮かんだアイデアは、自分の頭の中でどんどん形が変わっていき、最終的にはビズリーチの基本理念へと進化していった。

個人が自分の力だけで集めるよりも、速く、多く、クオリティが高い情報を主体的に集められるツールを提供できたらどうだろう。

求職者それぞれが、自分にとって価値のある情報を効率的に見つけられるように、インターネット上で「審査」された情報の市場を作る。

そしてそういった情報収集を効率化してくれるツールに対して、求職者が何らかの対価を支払う。たとえるならば、服を買いに行く前に参考資料として、自分の趣味にあったファッション誌を「購入」するようなものだ。ネットやフリーペーパーなど、無料の情報はいくらでもあるが、選ばれた情報、編集された情報、付加価値がある情報に対して、人は対価を支払うのである。

こうして、一つのアイデアが、少しずつビジネスモデルへ、そして事業計画へと形を変えていった。

## ニューヨークの同業「ラダーズ」社長を電撃訪問！

頭に浮かんだアイデアを紙に落とすのは、投資銀行で基礎を叩き込まれ、楽天時代に多くの企画書を書いてきた南にとって、苦になる作業ではなかった。

これまでやってきたように、市場に関する数値を拾い、ロジックを組み立て、事業計画へと落としていった。全体の絵を描きながら、これまで抱いてきた一つひとつの疑問を紐解くように作業を進めた。

事業計画を書いていく中で、南は自分で描いたビジネスモデルの競合他社の分析も始めた。もちろん、ロイホの会の仲間とも協力して、だ。当初は河合の熱意に巻き込まれて関心を持ったことだったが、いつの間にかみんなアツくなっていた。

あらかじめ予想はしていたが、調べ始めると、日本には求職者課金型の転職サイトなど、過去にまったく存在しなかったことが確かめられた。では、海外ならどうだろう。広い世界になら、同じような着眼点を持って事業を推進している人がいるのではないか。そんな想いを抱きながら、情報収集を続けた。

そう考えて虱潰しに探していくと——見つかった。年収10万ドル以上に限定した求職者課金型の転職サイト〝ザ・ラダーズ・ドットコム〟（TheLadders.com）というアメリカのベンチャー企業だった。

目指す道での先行者を見つけたら、直接会って話を聞いてみるしかない。南は、ラダーズが社長名で発行しているメールマガジンに目をつけ、思いきってそこに返信メールを出してみた。

「日本の南と申します。元金融マンで、プロ野球の新規球団の立ち上げを行った経験があり、今度はインターネットを活用した新しいサービスの立ち上げを模索しています。ぜひ社長にお会いさせてください」

そうして数日が経った頃、そのメールに返事が届いた。なんとラダーズのマーク・セネデラ社長が、直接返事をくれたのだ。

「日本からメールが届くのは初めてで、ビックリしました。ぜひニューヨークでお会いしましょう」

そのメールを受け取った南は、すぐさま行動に移す。１週間後、ラダーズの本社があるニューヨークへ飛び、セネデラ社長を訪ねたのだ。

「ようこそラダーズへ。せっかく日本からいらっしゃったお客様だ。どんなことでも聞いてください」

運がよかったのは、彼が超がつくほどの親日家だったことだ。ラダーズ本社の玄関には「お客様は神様です」という日本語のポスターが貼られていたし、応接室には彼のコレクションである日本画などが飾られ、訪問者である南に出されたのはコーヒーではなく日本茶だった。さらには、日本語の名刺まで持っていた。

セネデラは、アメリカの大手転職サイト「ホット・ジョブズ」という会社の役員だった頃の話をしてくれた。彼も南と同様、実体験から転職業界に違和感を抱いて今の会社を興したという。

誰もが知っている大手転職サイトで働いていた彼の元には、ハーバードMBAの学友や金融マン時代の職場仲間が転職の相談をしに来ることが多かったという。ところが自社のサイトをいくら探しても、彼らのような管理職やグローバルに活躍する人材の転職活動に役立つような案件がまったく載っておらず、ジレンマに陥ってしまう。

「友人に、自分が提供しているサービスを勧めることができない。この事実に違和感を覚えて、私は年収10万ドル以上のビジネスプロフェッショナルに見合った求人情報を集めたサービスを、自分で始めることにしました。求職者のほうを向いて専門的な情報収集をしているので、求職者にお金を支払ってもらうというモデルでいこうと決めました。雑誌や新聞の世界と同じで、付加価値のある情報に対価が発生するのは当たり前だと思ったんです」

そうして2004年に起業されたのが、ラダーズ・ドットコムだったのだ。

彼はまた、かつて貿易業を営んでいた経験があった。そのときの主な仕事に、日本のホームセンターなどへペットフードを輸出する、というものがあった。そこでの経験が日本贔屓につながっていたのである。

「私たちは他の転職サイトと異なり、個人課金という、求職者を真のお客様とするサービスを提供しているので、何よりもお客様にご満足いただくことを大切にしています。そこで私は、世界一だと思っている日本流のカスタマーサービスを、事業の隅々に至るまで社員に徹底して学ばせました。幹部職員については、日本での研修も行い、デパートの朝礼やショールームのツアーなどにも参加させています」

それで会社の顔ともいえる玄関に、「お客様は神様です」という日本語のポスターを貼っていたのか。南はそう納得するとともに、同志とも言えるセネデラのことをどんどん好きになっていった。

## 「婚活サイト」がベンチマーク——手に入れた意外な「航海図」

「この事業を始めるにあたって、ベンチマークにするようなサービスはありましたか？」

南は遠慮せず質問をぶつけた。

「転職業界は、不動産業界と似ている要素が多いと思っているんですが」

不動産業界には、転職業界同様、売り手と買い手がいて、日米のどちらにもマス向けのサイトが複数あり、仲介するエージェントも存在した。それゆえラダーズの起業にあたって、不動産業の何らかのサービスを参考にしたのではないかと考えたのだ。だが、返ってきたのは意外な答えだった。

「ベンチマークにした会社が一つだけあります。マッチ・ドットコムはご存知ですか？」

それは不動産サイトの名前ではなかった。インターネット上における結婚相談所、それも世界で一番大きい「婚活サイト」の名前である。

「今アメリカでは、新婚カップルの10組に1組ぐらいが、婚活サイトで出会っています。男女のどちらが売り手か買い手かは別として、男女ともお金を払って入会するんですよ」

「マッチ・ドットコムでは、参加者全員がお金を払うんですよね。なぜ利用者は、お金を払ってもいいと思うんでしょうか」

「なぜだと思いますか？」

セネデラは南を正面から見つめて語った。あなたも気づいているはずでしょう？　と問いかけるような目だった。

「それは、真剣だからですよ。マッチ・ドットコムの利用者は、お金を払うから真剣になって使い、真剣な出会いを見つけることができるのです。ラダーズもそれと同じで、真剣に転職をしたい人だけが使っているため、採用する企業も真剣に人を探せるのです。両者が真剣だから、いいスパイラルが生まれ、よい情報もよい求職者も自然と集まってくるのです」

自身がマッチ・ドットコムから学んだことすべてを、セネデラは丁寧に話してくれた。南は、一語一句を逃さないよう、真剣な眼差しで彼の話に聞き入った。

聞きながら南は、ますます求職者課金型の転職サイトというビジネスモデルに確信を持つようになった。理念があり、それを実現するための条件も見えている。そのうえベンチマークするべき成功例にも出会えた。

しかも南は、すでに株式会社ビズリーチの会社登記を終えていた。航海にたとえれば、船もあり、自信を持って掲げる旗印も決まり、航海図まで手に入れたようなものであった。

## 業界の全面拒否反応の中よみがえってきた「三木谷さんの教え」

２００７年の終わり頃、南はその船の乗組員を探し始めた。

しかし年が明けて本格的に始めた仲間探しは、総スカンという形で幕を開けた。

求職者課金型の転職サイト。ニューヨークから戻ってきた南は、人材業界で働く人々に会っては自らの構想を話して理解を求めた。２か月で１００人以上の人材業界の人に会ったし、業界の雄、リクルートの社員だけでも20人以上と会っただろうか。

しかし、全員から同じ答えが返ってきた。

「無理だよ、無理」

「絶対に成功しない」

「日本では難しい。そもそもアメリカとは転職文化が違うんだよ」

人材業界の人たちには、南の構想が理解できないようだった。南は粘り強く話し続けたが、誰一人認めてくれず、やがて自信も揺らぎ、焦りすら感じ始めるようになった。

付加価値のある転職情報なら、有料でも必ず買ってくれる。今の転職サイトは、雑誌でいうとフリーペーパーであり、付加価値の高い情報をきっちり精査したうえで集めれば、一般的な雑誌のように有料化されていてもおかしくないはずだ。このことは、かつて『ビーイング』や『とらばーゆ』という有料の転職雑誌を立ち上げたリクルートの人たちならわかってくれると思ったのに——。

やっぱりダメなんだろうか。業界の最前線で活躍しているプレイヤーたちがここまで否定するということをもっと重く受け止めるべきなのではないか。

そんなことさえ考え始めた頃、南の脳裏をある言葉がよぎる。

「おまえは別に天才じゃない。おまえのアイデアなんか、過去に何万人もが考えているはずだ。特別なアイデアなんていうものは存在しない」

楽天イーグルス時代に、三木谷浩史オーナーからかけられた言葉だった。

「重要なのは、なぜそのアイデアが、事業として実在しないかだ。そしてその答えは、今から言う二つのパターンのうちのいずれかでしかない。誰かがやって失敗しているか、できない理由があるかだ。それを調べろ。必ずどっちかだ。おまえの考えるアイデアの答えは、その二つのうちのどっちかに眠っている」

南はその教えに立ち返った。そして他人の理解を求める代わりに自らの理解を深める道を選んだ。

何度調べてみても、求職者課金型の転職サイトは、日本では確かに誰もやったことがなかった。人材業界で長年働いてきた方に聞いても、似たアイデアでさえ聞いたことがないと言われた。「過去に誰かがやって失敗した」というアイデアではない。

では、なぜ過去になかったのだろうか。なぜその発想が出てこなかったのだろうか。邪魔しているものを見つけろ——恩師の声がこだまする。南は人材業界の歴史と現状を必死になって調べていった。

そして、一つの答えに辿り着く。業界を牽引し、今も過去も業界を占めているのが、リクルートとリクルートのOBたちだという事実に。人材業界の業界構図が極めて歪《いびつ》だったのだ。

リクルートは、今も昔も人材業界のゆるぎないナンバーワン企業。もし規制緩和に伴い急激に市場が拡大してきた業界に、絶対的なナンバーワンがいたら、みんなその真似をするだけで十分に儲かる。右肩上がりで伸びている業界では、ナンバーワンと違うことをやる必要がないのだ。そういう意味で彼らの言っていることは正論だった。彼らは南に対して真面目にアドバイスをくれていたのだ。「すでにこんなに儲かるのに、なぜ違うやり方をする必要があるんだ？　それはこの業界では非常識だよ」と。

求職者課金に対して、全員が拒否反応を起こすのは、そういう理由からだったのだ。それならば、この問題は解決できる。「できない理由」を見つけた以上、その理由を乗り越えていけばいい。

南は古巣のオーナーから背中を後押しされるような感覚を味わっていた。自分のアイデアに対する理解を深めることで、揺らぎかけた自信を取り戻すことができたのだ。

２００７年12月。南は決心を固める。

この事業に本気で取り組もう。今直面している問題を全力で解決していこう。さんざん否定され、拒絶されている状況だったが、まだ万策尽きたわけじゃない。むしろ解決策を講じるのはこれからだ。

このときはまだ、ともに戦ってくれる仲間がいるのかさえわからない。南は、かすかな自信と希望だけを頼りに、暗闇でもがき始めた。

Lesson1

# 「まずは巻き込まれる」のススメ ——なぜ、仲間が必要なのか？

## ▼新しい一歩につきまとう二つの「思い込み」

なぜ、物事を始めるにあたって、「仲間」が必要なのだろうか。自分一人で社会にとって意義あることを始めたって、まったく問題ないはずだ。

ただ、そう考える前に次のことを自分に問いかけてほしい。

「何でもかんでも、自分一人でやろうとしていないか？」

「自分が一番最初でなければならない、と思っていないか？」

この二つの問いは、人が何かを始めるときに陥りがちな「思い込み」の存在をあぶり出す。

そして何を隠そう僕自身、最初の思い込み、すなわち「なんでもかんでも自前主義」に苦しんだ一人だ。特に楽天を辞した後のこの頃は、一人でもやっていける、一人でなんとかなると思っていた時期で、結果、あとになってプロローグで語ったような「拒絶」にも遭遇してしまう。この点については、後の章で詳しく解説する。

## ▼最初の一歩は、「相乗り」でいい

だが一方で、今から振り返ると、当時の僕は後者の思い込み、すなわち「最初じゃないとダメだ症候群」からは自由でいられたことがわかる。

楽天を辞めた後の僕は、やりたいと思って飛び込んだ世界から自ら外に出たわけで、まったくの空っぽ状態。だからこそ、面白そうな人のところには自分から顔を出したし、そういう人たちが集まる場所にも積極的に足を運んで巻き込まれていった。

そう、何か物事を始めるとき、最初の一歩の踏み出し方には、二つのやり方があり、そのどちらを選んでもいいのだ。

一つは自分が面白いと思うものを追求すること。

もう一つは、面白いと思った人にどんどん巻き込まれてみること。

この「巻き込まれてみる」というのは、最初の一歩を踏み出すうえでとても有用な考え方だ。やりたいことがなくても、やりたいことをやっている人、もしくは興味のあることを一生懸命やっている人に巻き込まれてみればいい。

さらに言えば、面白いことをやろうとしている人がいたら、逆に自分が関心を示して「何か協力させてください」と言えばいいのだ。面白いことをやっている人の周りには、面白いことをやっている人が多いもの。空っぽ状態だった僕も、そうしたつながりの中からインターネット、転職市場と徐々に目指すべきものや今の世の中にある問題点が見えてきたのだ。

極端な言い方をすれば、やりたいことや夢ですら、自分が「言いだしっぺ」になる必要はない、ということだ。

特にそう感じるのは、「起業」に関してだ。単に社長になってみたいだけなのか、それとも、事業づくりを通じて世の中に新しい価値を創りたいのか、曖昧な人が多い気がする。

もっとシンプルに考えてもよいのではないだろうか。この事業は面白いのか。この事業へ関わることによって、どのくらい社会に影響を与えられるのか。その影響を考えただけでワクワクできるのかどうか……という観点で考えてみるといいだろう。

そうすると、必ずしも一人っきりで始める必要もないし、仲間と一緒にみんなで考えてもいいと気づくだろう。もちろん、誰かが考えたアイデアに乗ってもいいはずだ。

僕の楽天イーグルスへの参画だって、きっかけはある日の新聞を見て「これだ」と思って三木谷さんに猛アピールし、仲間に入れてもらえただけなのだ。決して、言い出しっぺではない。

今、あまりにも多くの人が、すべてを――時に自分の強みでないことすらも――自分一人でやらなければいけない、もしくは自分が一番初めでなければいけないという考えにとらわれてしまっているように感じる。結果、何かを始めるうえで最も大切な「まず行動してみる」ことすらできず、仲間も見つけられない、という悪循環に陥っているのではないだろうか。

まずは「すべてを一人で」「一番最初に」やらなければならない、という思い込みを外そう。そうした自由な気持ちになって初めて、仲間を探す旅の準備が整うのだ。

仲間づくりのステップ〈1〉

## まずは巻き込まれてみる

◎何でも自分一人でやろうとしていないだろうか？
極端な「自前主義」は、夢を遠ざけてしまうこともあるということを心がけよう。

◎同様に、すべてを自分が最初に始めないといけない、と考えてはいないだろうか？
始まりは「相乗り」でもかまわない、ということを意識して、面白いことをやっている人がいないか探してみよう。

◎もし今やりたいことがないのなら、積極的に巻き込まれてみよう。
面白い場に積極的に顔を出し、そのお手伝いすることで、やりたいことも見つかるかもしれない。そのような繰り返しを通して、自然と仲間候補も見つかってくるだろう。

第 2 章

# 1000の否定の先にいた「最初の仲間」

——なぜ「会う人すべてに」やりたいことを
語る必要があるのか？

## 最低な朝活で出会った最高の男

インターネット事業を構想したものの、南にはインターネット分野でのビジネスの経験はまったくなかった。さらに言えば、転職や人事の世界にもまったく精通していなかった。インターネット、そして人材に詳しい仲間がほしい。動き始めてすぐ、そう思うようになった。

しかしインターネットや人材業界で働いたことがある者ほど、南の提案には拒否反応を示す。それも無理のないことだった。業界の常識とは正反対の、求職者課金型の転職サイトというビジネスモデルなのだから。仲間になってくれそうな人を見つけるのは、そう簡単なことではない――南は出だしからそう思わされたのだった。

ようやく突破口が見つかったのは2008年の1月も終わりの頃だった。その朝、南は後に一人目の仲間となる男に出会うこととなる。

六本木一丁目の、「ジョブウェブ」という転職・就職支援会社の会議室で、火曜の朝7時に開かれていた朝食勉強会。そこに南を誘ったのは「ロイホの会」の河合だった。

「南さん、早朝セミナーに一緒に行きませんか?」

「えっ、早朝セミナー? うーん、朝は苦手だから、ちょっと」

「とにかく面白い会があるんですよ。クリスピークリームドーナツの日本上陸秘話が聞けたり、マーケティング講座とかボイストレーニング講座とか、いろんな分野の講師の話を聞けるんです。何より、そこの主催者をぜひご紹介したいなと思って」

これまでセミナーなどには縁のなかった南にとって、朝7時過ぎからスタートする、そのセミナーに行くのは苦痛以外の何ものでもない。ただ河合の熱心な訴えには、何か感じるものがあった。

ちなみに、当時はまだビジネスマンの間に「朝活」という言葉が広まってはいなかった。官僚や経営者など、限られた人々の間での閉鎖的な勉強会がいくつかあったものの、誰でも自由に参加できるオープンな会合は皆無。朝の六本木で開かれていた朝食会は、後に「朝活の元祖」と称されるようなスタイルの集まりだったのである。

河合が南に紹介したいという主催者、佐藤和男《さとうかずお》とは、その集まりの中心人物だった。ジョブウェブの佐藤孝治社長とともにその勉強会を立ち上げ、2年以上にわたって切り盛りしてきた男だという。

南は開始時間の10分前に会場に着いた。会議室は40人以上の人で埋め尽くされている。20代から30代前半くらいの若いビジネスパーソンたちが出勤前の時間を使い、意欲的にセミナーに参加していることに驚かされた。

「こんなセミナーを主催してるのは、いったいどんな人なんだろう?」

「毎週開催しているそうだが、そのためにはいったい何時に起きなきゃいけないんだ？」

南は居並ぶ人々を見回した。主催者と思しき男は、誰よりも早くセミナー会場に到着して準備をして皆を迎え入れている。どうやら彼は、企画・集客・運営のすべてをほとんど一人でやっているようだ。南はその瞬間、素直に感動した。

「こんな地道な作業を毎週続けることなんて、自分には絶対にできない。すごい」

このセミナーが終わったら、河合に彼を紹介してもらおう。南は心を決めた。——会う人すべてに、自分の抱いているビジネス構想を話すことにしていたせいもある。しかし習慣というだけでなく、彼に対して話したいという感情が湧いてきた。

こういうセミナーを何百回も開催し、様々な分野の講師を招いて話を聞いているような男なら、自分のビジネスモデルの本質に興味を持ってくれるかもしれない。セミナーの間、そんな期待が膨らんでいくのを南は感じていた。


一方、佐藤和男のほうでも、南壮一郎の存在に気づいていた。

「参加費はいくらですか？　今回のテーマはどんな内容なんでしょう？　講義の中でディスカッションする場はあるんですか？」

いきなりこんな感じでまくし立ててきて、会場に入って受付をするときから、南は人と違った雰囲気を発していたのだ。

「ずいぶんふてぶてしい態度の参加者だな。普段のセミナーにはいないタイプの人だけど、この人はいったい何者なんだ……？」

それが佐藤の南壮一郎に対する第一印象だった。受付としてすべてのセミナー参加者と挨拶を交わしていた佐藤の目には、いかにも自信に満ちた肉食系と映る。よくも悪くも印象に残るタイプで、よくいえばオーラのようなものを感じさせもする。会った瞬間から気になる存在だった。

不機嫌そうに見えたのは、どうやら朝に弱いからだったらしい。講義が始まってしばらく経つ頃、佐藤は南が居眠りしていることに気づいた。

テーマは、グローバル化。「日本人はグローバル化ができていない、世界と比べて遅れている、それはそもそも学校教育が悪いせいだ」という主旨の話が続く。やがて講義が終了し、質疑応答に移ると、南が真っ先に手を挙げた。

「日本の学校教育に問題があるのはよくわかりました。

しかし残念ながら、我々はすでにその教育を受けてきています。

前提条件は変えることができないのだから、そのうえでどうすればいいかを考えるのが建設的ではないでしょうか？

今日の講義は、できない理由を述べるばかりで、どうすればできるのかがまったく触れられていませんでした。その改善方法やうまくいった事例をぜひ教えてください」

佐藤はその質問に驚かされた。鋭い質問だった、というだけではない。講義中は寝ていたくせに、ちゃんと講義内容をふまえて質問をぶつけていることにも驚いたのだ。第一印象の通り、やはりこの男は只者ではないと感じていた。

## 数百人で初めて言ってくれた「面白い」という言葉

早朝セミナーは、7時15分から8時15分までが講義、8時15分からが交流会という二部構成だった。もちろん南は、交流会の席で佐藤を真っ先に見つけて自らのビジネス構想の概要をぶつけた。何度も何度も話した内容。これまでは、すべてネガティブな反応だったストーリー。話し終えた南は、佐藤の反応をすがるような思いで待った。

「個人に対して課金する転職サイトって考え方は面白いね。もっと詳しく聞かせてくれないかな?」

面白い――。南は、そのひと言をずっと待っていた自分に気づいた。

もう2か月近く、100人以上に語り続けてきたアイデアだったが、そう言ってくれたのは佐藤が初めてだったのだ。

話を聞いてみると、佐藤が賛同してくれた理由もよくわかった。驚いたことに、佐藤も自身の経験に基づいた、インターネットビジネスについての腹案を持っていたのである。

「転職サービスは企業の側ばかり向いていて、求職者を本当のお客様にしたサービスはほとんどない。求職者がたくさんの選択肢の中からヘッドハンターを選べたり、評価をしたりして優秀なヘッドハンターを比較できるサイトがあれば、ニーズは確実にあるはずだ」

南のものと似た方向性のアイデアというだけではない。さらに具体化したところもある、魅力的な構想だった。

そして佐藤の話を聞いているうちに、彼本人の長所もわかってきた。――佐藤はマイクロソフトやリクルートという大手企業でシステムや営業に関わる仕事に従事していたが、新規事業の立ち上げを経験するためにジョブウェブというベンチャー企業に転職していた。そこでインターネットの世界とリアルな世界をつなぐ場として、早朝セミナーという企画を立ち上げ、2年以上にわたって運営してきたのだ。それは朝4時に起きて5時には会場入りするという影の努力を、毎週欠かさずやり続けたということだった。

南は佐藤の穏やかな外見の奥に、強い意志を感じた。決めたことを着実に継続していく力。自分だったら絶対にできないことを、高いレベルで実行し続けている男。

「質の高い努力を継続できることは一種の才能だ。この人は、すごい。天才だ」

素直にそう思えた。ここから何かが動き出すような予感を覚えた。

交流会の場で話すだけでは物足りず、二人は2日後の昼食をともにすることを約束して別れた。そのランチの時間が来るまでが、南にとってはもどかしく感じられた。

## 南壮一郎という起業家と、超えなければならない壁

2日後、二人は溜池山王駅近くの中華レストランで落ち合った。ランチをしながら、佐藤は南の話に耳を傾けた。南が構想中の求職者課金型の転職サイトについて、詳しい話を聞いたのだ。

南の情熱的でありながらロジカルな語り口、人を惹きつけるパワーには、佐藤も感銘を受けた。とはいえ、佐藤自身も今の仕事を続けつつ起業構想を練っていた身である。南の考えていたビジネスモデルそのものは、佐藤にもある程度は想定できるものだった。しかし何より佐藤が驚かされたのは、南がただ考えているだけではなく、たった一人で実現に向けた行動を開始していることだった。

それもただの行動ではなく、アメリカにまで飛び、先行するビジネスを率いる経営者にまで会ってきている。佐藤は南が描いた事業計画の説明を受けながら、南が語る求職者課金型の転職サイトという未来を真剣に考え始めていた。

「ラダーズのセネデラ社長から言われたんだ」南は熱っぽく語った。「このビジネスモデルを日本で成功させるなら、ゼロから事業を創る気持ちで行けって。それは、日本人が、日本のインターネットや転職文化を踏まえたうえで、日本に馴染む形の転職サイトを立ち上げてくれってメッセージだと思うんだ」

そんな南の話は、佐藤が考えていたこととも重なっていくようだった。佐藤自身が転職業界に関わる中で、「求職者を真のお客様にした転職サービスは本当に作れないのか？」という歯がゆい想いをずっと抱いていた。この問題意識を、そのビジネスモデルの中で解決できるかもしれない。――それはまた、これまでの転職業界の常識を変える可能性があるということでもあった。

「僕も、その転職サイトのニーズは確実にあると思う。『転職は人生の一大事。お金を払ってでも転職を成功させたい』という求職者の声を山ほど聞いてきたから」

「でも、実を言うと」南は言った。「これまで100人以上、人材業界の人たちにこの話をしてきたんだ。だけど求職者課金型の転職サイトなんて無理だって言う人ばかりだった」

「それは仕方ないよ。求職者じゃなく企業をお客様として、企業から報酬をもらってサービスを提供するっていう、従来のビジネスモデルを否定することになるんだから」

佐藤には、南が直面している常識の壁が理解できた。人材サービスを提供する企業のほとんどは、あたかも求職者がお客様であるかのように打ち出しているが、費用を支払う企業がお客様である。そのため、人材紹介会社は契約している企業の求人しか求職者に紹介できない。ところが、南が提唱するモデルは、このモデルが抱えるジレンマについて真正面からぶつかっていくものだ。だからこそ、「業界の常識」で考えると賛同しにくいのだ。

だが佐藤は、そこにこそ常識を変える可能性を感じたのである。

「せっかく起業してチャレンジするなら、業界の常識や歴史を変えるぐらい大きなことをやってみたいよね」

人材業界の常識に縛られず、南のように何のしがらみもない人間でなければ、求職者からお金をもらうという逆転の発想は出てこない。たとえ思いついたとしても、企業から報酬をもらう高収益なモデルがうまくいっている限り、あえてやってみようとはしないはずだ。

佐藤自身もそうだった。人材業界の常識と壁を感じていただけに、それを一人で超えられるとは考えられず、様々な事業の構想は思い描いても実行には至らなかったのだ。しかし南は、その構想に向かってすでに動き出している。

業界の歴史を変えることに、ぜひ一緒にチャレンジしてみたい。南となら、それが実現できるのではないだろうか——。そんな思いが佐藤の中に芽生えた。

「やるべきだよ！　絶対にやるべきだ！」

その言葉は、佐藤から南に告げたものだった。それと同時に、佐藤が自分自身に向けた言葉でもあったのかもしれない。

## 西麻布の雪の日に――出会ってわずか数日で決断した「相棒」

意気投合した二人には、ランチだけでは時間が足りなかった。もっと話そうということになり、２日後に再会の約束をした。２月最初の土曜日の23時。南は、ここぞというときに使う西麻布のバーの個室を朝まで予約して、佐藤の到着を待った。

ランチのときにはビジネスモデルの話をしたので、この夜はお互いの考え方や未来について話した。これまでの仕事のこと、事業が進むべき未来のこと、夢のこと。話し込むうちに日付は変わり、夜は更けていった。

佐藤は学生時代から、30歳までには起業したいと考えていた。その目標に向け、ＩＴと英語力を身につけるためにマイクロソフトではシステムエンジニアを、営業を学ぶためにリクルートではインターネット広告の営業職を、起業をするための修業としてジョブウェブでは新規事業の立ち上げを、という形で起業に必要なキャリアを着実に積み重ねてきたのだ。

佐藤は二人が出会うおよそ半年前の２００７年8月、自らが課した30歳の期限を目前に控え、自分との約束を果たすために起業に向けて動き出してもいた。手がけるのは得意とする社会人向けのセミナー事業、そしてそのマーケティングと運営を行うビジネスである。

パーソナルブランディングという新しい潮流が来ることを想定し、新しい事業を創ることで挑戦しようと考えていたが、その分野での先行事例はほとんどない状況だった。やりたいと思う気持ちは人一倍だったが、どう転ぶかはわからないとも思っていた。

それでも起業の準備は着々と進めていて、南と出会った頃には、ビジネスモデルも構築済みで、金銭的な支援者の目処もついていた。会社名もオフィスも決まっており、あとは会社を登記するだけという状況だった。このとき南には言わなかったが、3月末にはジョブウェブを退社することもすでに決まっていたほどだったのだ。

ずっと目標としていた、30歳での起業。さらにその先には、「教育インフラが整っていない開発途上国で学校を作りたい」という大きな夢も抱いていた。

佐藤はその夢についても南に語った。すると南は、「自分にも夢がある。いつかメジャーリーグの球団オーナーになることだ」という。そのスケールの大きさに佐藤は驚いた。だが一方では、頼もしく思うようにもなっていた。

少年のような目をしながら常識をはるかに超える規模の夢を熱く語る南に、佐藤は大きな可能性を感じるようになっていた。こんな男なら、人材業界の歴史や常識を変えることだってできるかもしれない。佐藤は、「自らの夢のためにも、南と一緒にチャレンジしてみたい」と思って気持ちが熱くなっていく自分がいることに気がついた。

自分がこれから一人で起業しようとしているセミナービジネスよりも、南と組んだインターネットビジネスのほうが、自分が思い描く起業像に近づけるし、もっと大きなスケールのビジネスができるのではないか——。出会ってから1週間にも満たないが、そんな思いが佐藤の中で膨らんでいたのだ。何をやるかも大切だが、誰とやるかはもっと大切で、南とならきっとうまくいくと思うことができた。

そんな気持ちを素直に伝えると、南から佐藤に尋ねてきた。

「でも、和男さんはもう自分の会社を作っているんだろう？」

「いや、会社の登記はまだしてないよ。手続き自体は簡単だから、いつでもできるし。それより、南さんの突破力はホントにすごいし、ビジネスモデルも素晴らしいと思う。絶対うまくいくと思うよ！」

佐藤は語った。南と出会うのがあと1か月遅ければ、確実に自分で起業していた。しかし南の構想は、インターネットを駆使しつつ、人材業界が抱えている本質的な問題点を解決できる。このサービスは絶対成功すると思えたし、メジャーリーグの球団オーナーになりたいというスケールの大きな夢を無邪気に語る南に惹かれてもいる。

「南さんとなら、この事業を絶対に成功させられるって確信できる」

「でも、お金はないよ」

南は、現状を正直に打ち明けてくれた。しかし佐藤は、お金のことはどうでもいいと思えた。

「そんなこと問題ないよ。お金云々より、僕はそのアイデアを一緒に形にしてみたいんだ。だって、それがベンチャーっていうものなんじゃないかな？」

この人とだったら一緒にやってみたい――。そんな気持ちは南にも伝わったようだった。

そして、南はおもむろに手を差し出して、こう切り出した。

「じゃあ、やってみよう。一緒に歴史を創ろう！」

「もちろん、喜んで！」

佐藤は即座に答え、その手を握った。南が漕ぎ始めたビズリーチという船に、最初の仲間が乗り込んできてくれた瞬間だった。

気がつけば、時計の針は4時を過ぎていた。深夜というより朝である。二人が夜を徹して話し続けているうちに、始発電車が動き出す時間になっていたのだ。

二人は店を出て駅へと向かった。夜の間に雪が積もっていたらしい。西麻布の街はすっかり雪に覆われて、白く幻想的な光景が広がっていた。

## 二人目の仲間――「継続力」の佐藤和男

南と佐藤の出会いから2か月後の2008年4月。

佐藤がジョブウェブを退社し、正式にビズリーチに入社した。

記念すべき一人目の社員であり、ともに旗を掲げ、同じ航海図を見て夢へと突き進むことのできる仲間である。南にはそれが何より嬉しかった。

南と佐藤はまったく異なる性格の持ち主だった。そんな正反対な二人の関係を不思議がる人間もいたほどだ。南は外に向かって攻めに出るタイプであり、佐藤は内側で「城」を守るタイプだったのだ。南は、その対照的なキャラクターは事業づくりにとってプラスに働くだろう、と感覚的に捉えていた。つまり、「努力の天才」である佐藤は、最初の仲間、そして最良の相棒としてぴったりだったのだ。

とはいえ、もちろん問題はあった。二人が作ろうとしているのは、業界の歴史や常識を変えるような転職サイトである。にもかかわらず南も佐藤も、そのときは「問題」すら認識していなかった。インターネットビジネスにおいては、サイト構築に長けたエンジニア、そしてそれを指揮できるプロデューサーがいなくては、船が前へ進まない、ということを。

インターネット業界で働く先輩に相談した際に言われた「絶対無理だよ。おまえ、インターネットビジネスのことがまったくわかってないじゃないか」という言葉が早くも的中してしまったのだ。

しかも南は、大きな勘違いをしていた。当初、マイクロソフトでシステムエンジニアをしていたという佐藤がいれば、サイト構築や運営は大丈夫だろうと高をくっていたのだ。だがマイクロソフトのシステムエンジニアの仕事とサイト構築の仕事とでは、大きく違っている。さらに日進月歩で進化するIT界において、システム開発というのは高度に専門化された分野である。インターネットサービスをゼロから立ち上げるには、「システムエンジニア職の経験者」ではなく、「プログラミングなどの技術を駆使したウェブシステムを開発する専門家」が必要だったのだ。

南は、焦る気持ちを抱えつつも、なんとかこの事態の解決を図ろうとした。「こうなったら、もう一度仲間探しの旅に出るしかない。佐藤に出会ったように、どこかには、自分たちと一緒に冒険をしてくれるエンジニアがいるはずだ」

ただ、そもそも自分の周りにエンジニアという人種は一人もいなかった。どこに行けば出会えるのかすら、わからなかった。佐藤のためにもなんとかしなくてはならない。そういう想いが南を行動に移させる。とにかくエンジニアを知らないのなら、周囲にエンジニアがいそうな仕事をしている、インターネット分野で活躍している人を集めたブレストを開催してみよう。

このミーティングの原型は、南の楽天イーグルス時代の先輩、小澤隆生から教わったものだった。起業の際の経験について、小澤はこう話してくれた。

「もともと一生サラリーマンでいるつもりはなかったからさ。毎朝、始業の1時間前に同期10人ぐらいで集まって、新規事業を考えるミーティングをしていたんだ。その中で生まれたアイデアを事業化して、サラリーマンを続けながら、週末と夜の時間を使って、サービスを運営していた。２年間それを続けて、『いける』という手応えをつかんだときに初めて、５〜６人が会社を辞めて、会社を作ったんだ」

この話を元に、南は「草ベンチャー」という事業立ち上げの方法を提唱するようになった。仕事をしながら草野球を楽しむように、本業を持ちつつベンチャーを楽しむことを「草ベンチャー」と呼んだのだ。参加者は基本的に「ボランティア」という形で無給で働くことになるが、代わりに草ベンチャーを楽しみながら新規事業を立ち上げる経験や様々なバックグラウンドの人脈を得ることができる。またこのことは、自らが培ってきた力を試したり、やりたいことへの一歩を踏み出すことにもつながるだろう。

起業する側は、創業時に少ない資金で有能な戦力を得られ、ベンチャーを志して参加する者にとっては貴重な経験を積める。双方の利益につながるこの方法を、南はビズリーチの立ち上げに活用した。まずはインターネットに強い人材を集めたミーティングを開き、それを人材探しにつなげていったのである。

## 始まった「草ベンチャー」——エンジニアを説得できるか

この草ベンチャーのミーティングに人を集めようと、南は、インターネット分野で活躍している周囲の友人や知人にどんどん声をかけていった。

その中には、現在はライフレシピの共有サービス「nanapi」を開発・運営している「けんすう」こと古川健介や、リクルートで女性向けのファッションサイトを立ち上げていた渡邊純、そして学生時代にRSSリーダーを主軸に起業していた船木信宏などがいた。いずれも自分たちの仕事で成果をあげ、第一線で忙しく働いている人物である。ビズリーチに巻き込んでフルタイムで関わってもらうことが無理なのは承知だった。しかしそんな彼らにも、余暇の楽しみとして草ベンチャーに参加してもらうことはできた。

そして、南は単純に知りたかった。インターネットのサービスを立ち上げるのに必要なことを。さらに、うまくいけばこうして開いたミーティングをビズリーチの立ち上げになんとか活かしていこう、というのが南と佐藤の狙いだった。

彼らから得たのは、インターネットの知識だけではなかった。インターネットを主戦場にしている彼らは、それぞれ独自の視点で面白いサイトを知っている。南はそうしたサイトを教えてもらっては、「ネットナンパ」と称して駄目もとで100近くのサイトの問い合わせフォームにメールを送って開発者にコンタクトを取ろうとした。話だけでも聞いてほしいと目に見えない相手にお願いをし続けた。

しかしそうして声をかけたサイトから返事が来ることは、ほとんどなかった。仮に返事が返ってきても、実際に会って話を聞いてくれる者はごくわずかだった。なにしろ突然のコンタクトだから、怪しんだり興味がなかったりという反応を示すのは当たり前だろう。

そんな中、一人の男が南の誘いに興味を持ってくれた。園田剛史《そのだたけし》という男だった。親身になってアドバイスをしてくれた「けんすう」が、「この案内図を自分で作れるサービス、面白いですよ」と紹介してくれた個人サイトの運営者だった。

## 「問い合わせフォーム」で片っ端から「ナンパ」する

園田剛史は当時、オプトという大手インターネット広告会社でエンジニアとして働きながら、個人で複数のサイトを運営していた。しかし「一度相談に乗ってほしい」という類の「問い合わせ」を受けたのは初めてだった。

南からの誘いに興味を持ったのは、彼のプロフィールにモルガンスタンレーや楽天イーグルスといった錚々たる社名が書いてあり、自分の周りにはいないタイプの人物だなという好奇心が勝ったからである。実際に会ってみると、想像していた以上にパワフルで、かなり圧倒されたが、これまでのキャリアやビズリーチの立ち上げのことを情熱的に説明してくれた。

「インターネットを活用した求職者課金型の転職サイトをやりたいんですが、自分にはそもそもインターネットの知識がないので、一緒に立ち上げに携わってくれる、できるエンジニアを探しています」

最初は疑心暗鬼で話を聞いていたが、園田は次第に南の言葉が真実だと気づいた。ウェブサービスを創りたいといいながら、南はインターネットのことをまったく知らないのだ。

「この人はなぜ、まったく縁のないインターネットの世界に飛び込もうとしているのか？」

と唖然とした。

一方で、園田は人材業界に疎かった。疎かった、というより、むしろ人材ビジネスとは人身売買みたいなもので、「悪である」という偏見まで抱いていた。だから、南については「胡散臭い人だなー」とも思っていたのだ。しかも、エンジニアを「使ってやろう」という意識が見え隠れしていて、初対面の印象としてはあまりよいものではなかった。

それでも草ベンチャーという部活のような仕組みには興味を抱いた。南の誘いはそんな内心を突いてくるものだった。

「来週末、人を集めてブレストをやるんです。よかったら参加しませんか？」

誘われるまま、なんとなく参加した園田だったが、その参加者の豪華な顔ぶれに驚かされた。ブレストの内容も刺激的で、南壮一郎という男の人脈力と彼の活動の面白さを素直に認めることができた。

「園田さん、一緒にやりませんか？　僕たちは今エンジニアがいなくて困っているんです」

南はあらためて園田をスカウトしてきた。しかし、提示された条件は、まだサービスが開始していないということもあり月収20万というものだった。すでに子どももいて、もうすぐ二人目が生まれそうだった園田には、月20万円というのは生活的に無理が出る。一人身だったら入っていたなと残念に感じつつ、その誘いは断ることにした。

「南さん、僕には子どももいますから、何もないベンチャーに飛び込むなんて無理です。まぁ、週末のミーティングぐらいなら、たまに顔を出しますよ」

園田は日頃から、石橋を叩いたうえに人に渡らせて様子を見ようと思っているほど慎重な男だった。「草ベンチャー」には参加するが、ビズリーチへのフルタイムでの入社は断るという判断は、当然といえば当然の結論だった。

## 見つからないエンジニア、進まない開発

そんなふうにして、ビズリーチのエンジニア探しは難航した。

しびれを切らした南と佐藤は、エンジニアの仲間を探すのを中断して、サイトの立ち上げを優先させることにした。システム開発を外部の会社に発注することを決断したのだ。

とはいえ、ビズリーチには資金がない。オフィスを借りる金さえままならない状態だったため、外注先のシステム開発会社の社長に頼んで、そのオフィスの一画に居候させてもらうことになった。開発についても職場環境についても人頼りという、なんとも心許ない

船出となったのである。

「南さん、おはよう。今日からいよいよスタート、がんばっていこう!」

2008年4月1日。佐藤がジョブウェブを退社してビズリーチにやってきた最初の日。居候先のオフィスには、通信販売で買った会議机一つと椅子二つが届いた。

「これが僕たちの最初の仕事になるね」

佐藤がそんなことを言いながら、南と二人で組み立てる。貸してもらったのは窓際のわずかなスペースで、そこに机と椅子が並んだ。

そのオフィスは神田にあった。窓の数メートル先には中央線が走っていて、車内の乗客と目が合うほどだった。電車の通過音もうるさかったが、南と佐藤はそこでビズリーチについて話し合った。

「とにかく1日でも早く始めたいので、サービスのリリースは、2か月後の6月にしよう。基本的な仕様は、ラダーズを参考にすればいいので、簡単にできますよね」南は、システム開発会社の役員を問いただした。

しかし、その見通しは甘かった。もちろん開発会社に責任はなく、明らかに南のミスである。システムを自分たちで作ったことも、プロジェクトマネジメントした経験もない南と佐藤の二人だけで進め、しかもシステム開発は外注するという状況で完成するほど、ウェブ開発は甘いものではなかったのだ。しかも、このときの二人は、問題に気づいてもいなかった。依頼主の南と佐藤はインターネットサービスを立ち上げること、運営することについてよくわかっていなかった。そして外注先の開発会社は、厚意でオフィスの一角を貸してくれたり開発を引き受けてくれたりしたものの、転職サイトのシステム開発全体を独自で指揮する余裕はなかった。

インターネットサービスの場合、ユーザーから表面的に見えているのは、サイト全体のごく一部でしかない。裏側では様々なロジックが動いており、開発・運営側はその一つひとつについて決断を迫られる。スピード重視でよく考えずに決めてしまうと、後で矛盾や不整合が至るところで発生する。南と佐藤の場合、何が正しいのかもわからない状態で、決め方さえわからないありさまだった。

その結果として、システム全体の設計図である仕様書が満足に作れず、なぜ開発がなかなか進まないかも理解できていなかった。

## たび重なる衝突――なぜ歯車は狂ってしまったのか？

「南さん、だからそれはさっき決めたじゃない！　メール送信機能の仕様を変えると、他にも影響が出てくるんだって。それなのに、なんで今さら前提を覆すようなことを言うの？　こんなことしてたら、いつまで経っても決まらないよ！」

「ここはシステム全体の肝じゃないか。使いやすく変えたほうがいいに決まってるだろう。和男は頭が固すぎる。新規事業の場合、いいものはどんどん取り入れて改善していくんだよ。ここは仕様を変える。それで決まり！」

「ふざけるなって。6月リリースを目標にしてるのに、もう1か月もないんだよ？　いったいいつになったら仕様が全部決まって開発をお願いできるんだよ。そうやって自分の意見だけでどんどん決めていくなら、一人で勝手にやれよ。僕は帰る」

4月が過ぎ、ゴールデンウィークになっても、まだ転職サイトの仕様すら決まっていなかった。ゴールデンウィークまっただ中の5月3日、朝から始まった仕様決め会議は18時間が経っていた。

会議は当初五人で始まった。外注先の開発会社のメンバー二人と、新たに加わった学生インターンの豊田直紀《とよたなおき》、そして南と佐藤である。しかし会議が長引く中、一人抜け、二人抜け、結局最後は、南と佐藤の二人で延々と言い合いを続ける状態になっていた。

南は自分の意見に自信を持っていて、決して譲ろうとはしなかった。しかし佐藤の目には、無理なものは無理と映る。議論は白熱し、最後は取っ組み合いになりそうなほどだった。結局、素人二人が知識もないまま、感覚でウェブシステムを決めていったのが間違いだった。万事ぬかりなく決めたつもりの仕様でも、後で矛盾が発生する。その繰り返しの中で開発が行き詰まり、それが南と佐藤の衝突という形で顕れたのである。

「18時間会議」での衝突から1週間、佐藤は出社しなかった。残された南は一人でなんとかしようとしたが、結果は明らかだった。このプロジェクトを自分一人で進めるなんて、とても無理だった。

思えば、どこかで歯車が狂っていた。佐藤という仲間を得て張りきって動き出したはずなのに、エンジニアがいないことからシステム開発が滞り、寝る間を惜しんでやっているつもりが一向に前に進まない。前向きな議論をしていたつもりが、たった一人の仲間さえ失いそうになっている。

南は佐藤に電話をかけた。ここで仲間を失うことだけはしたくない。それはエンジニア探しやシステム開発より、もっと根本にある大切なものだった。

「和男、ごめん。お前の言う通りだった……」

「だから言っただろう。ひとりよがりで決めちゃダメなんだって！」

佐藤はきっぱりと言ってくれた。1週間前と同じ、南のことを思ってくれたうえでの苦言だった。

「今から行くから、外出しないで事務所にいてもらえる？」

電話が切れた。佐藤が戻ってくるまで、南は自分一人では何もできないことをあらためて感じていた。

# 仲間を探す

## ——なぜ「会う人すべてに」夢を伝える必要があるのか？

### ▼夢を語ることは、仲間を引き寄せる

何百人もの人たちに自分のやりたいことを否定され続けたこと。これは僕がやりたいことを語り続けたことによって直面した、紛れもない事実だ。

そんな話をすると必ず、

「やっぱり一緒に戦ってくれる優秀な仲間なんて、そんなに簡単に見つからないんだ。じゃあ、仲間を探すにはいったいどうしたらいいの？」

という類の質問をいただく。

そんなとき、必ず聞き返すのが次の質問だ。

「あなたの夢（もしくはやりたいこと）を、どれだけの人が知っていますか？」

こう問うと、言葉に詰まる人がほとんどで、「いません」という答えが返ってくることも多い。

僕は疑問に思う。なぜ、思っているだけで言わないのだろう、と。自分から表明

しないままでは、仲間どころか夢への賛同者すら見つからないのは、明らかだ。

そして、重要なのは、「仲よくなる前に」会った人全員に伝えることだ。仲よくなってから、しかも、興味を持っていそうな人でないと、と言っていては、いつまで経っても仲間候補にすら出会えない。

この章でも見た通り、僕は誰にも理解されないまま、とにかく何百人もの人に「ビズリーチ」の構想を話した。そして最初の理解者に出会うまで、そのすべてが空振りに終わってしまった。ほとんど全否定の毎日だった。だが、それでも会う人全員に話し続けたからこそ、佐藤という最初の理解者に辿り着くことができたのだ。

## ▼価値観の違いは、新たな可能性でもある

そんなときに現れた佐藤は、僕にとっては僕のやりたいことに賛同してくれた最初の仲間だ。

ただし、佐藤と僕は、何から何まで気が合うわけではない。というか、性格のタイプとしてはまったくの正反対。仮に同じ会社の同期として出会っていたなら、進んで仲よくなるタイプではない、というくらい、価値観も行動パターンも違う。

そんな佐藤と出会えたことは、僕に多くの気づきをもたらしてくれた。

毎週毎週、早朝から朝活を主催し、それを2年も継続しているという佐藤に、本

当にこんなことをやっている人がいるんだ、とその事実に感動すら覚えた。そして、彼の継続力を目の当たりにして、こう直観したことを覚えている。

「自分のコンフォート・ゾーン（心地よい場所）から出ると、想像もしていなかったような出会いがあるんだ！」

価値観が違うというのも、性格が正反対というのも、仲間を探すのにあたってマイナスな要素ではない。なにせ、佐藤のような継続する力を持った人間が、僕のようなすぐに新しいものに飛びつく人間の夢に共感してくれたのだから。

むしろ自分とは違う力を持っていることこそ重要。違っていい、違うからこそ面白い――これこそが仲間を探すときに心得ておきたいことだ。

そして、佐藤に出会えたのは、決して偶然ではない。

夢を語り続け、いろいろな人に会い続けてきたからこそ、まったくキャラの違う佐藤という仲間に出会えたのだ。

## ▼隠れたもう一つの思い込み「白黒思考」

前章で二つの思い込みの話をしたが、ここでもう一つ、思い込みを明らかにする問いかけを紹介しよう。

「すべてを投げうってゼロから始めなければならないと思っていないか?」

何か物事を始めようというとき、この思い込み、すなわち「白黒思考」は、リスクを本当よりも大きく見せてしまう。「ベンチャーに参加するには会社を辞めてすべてを賭けなければならない」というのもその一つだ。

この思い込みを打ち破るのが、この章で園田を誘ったときに登場した「草ベンチャー」。これは、会社を辞めずに、本業以外の空いた時間をフル活用してベンチャー企業の(もしくは、面白いことをしている人の)お手伝いを、本気ですることだ。

何か新しいことをするとき、園田のようにリスクに感じるのは当然だし、いきなりすべてを投げ打って何もない暗闇に飛び込むことは誰だって怖い。でもそんな人だって、仕事が終われば飲み会にも行くし、週末には草野球をやったり、ブラブラと買い物したりもするだろう。草ベンチャーを通して僕が言いたいのは、そういう時間を使って、新しい事業の立ち上げなどに積極的に携わってみよう、ということなのだ。もちろんやるからには真剣にやるのだが、そんな気楽な気持ちでスタートしてもいいのである。

最近では草ベンチャーを取り入れるベンチャーも増えている。日本人が運営しているフェイスブックページで「いいね！」が最も多い「TOKYO OTAKU MODE」（現在1000万超！）を立ち上げた亀井智英氏も、もともとは僕たちと一緒に草ベンチャーをやっていた仲間。その後、実際に草ベンチャー流に集めた仲間とともにスタートしたのが、「TOKYO OTAKU MODE」だったのだ。

創業当時も、そして現在もビズリーチには普段の仕事の合間を縫って平日の夜や週末に、ボランティア社員として携わってくれている人がいる。それぞれが、自分がプロフェッショナルとして貢献できる分野に積極的に関わって全力で取り組んでいる。その後、社員になってくれた仲間もいるし、今でも会社を辞めずに手伝ってくれている大切な仲間もいる。

そういう意味でも、ビズリーチの立ち上げにおいて、草ベンチャーという形ではなくすべてを投げ打って飛び込んでくれた佐藤は、僕にとって特別な存在である。自分だけでやることよりも、僕と一緒にやることを決断した彼こそが、真の事業家であり、冒険家でもある。

最高の相棒と言える佐藤に出会ったからこそ、ビズリーチという船を漕ぎ出すことができたのだ。

### 仲間づくりのステップ〈2〉

## 会う人すべてに夢を語って、仲間を探す

---

◎夢は言葉にして語るもの、人と共有するものであって、何よりもワクワクするもの。
夢を、自分の胸に秘めて誰にも話していない、という人は、思いきって周りの人に話してみよう。夢は嘘でもなければ、人に迷惑をかけることでもない。断られることや無関心を気にしてはならない。あなたが熱を込めて語る姿に人は共感を覚え、思わぬところからヒントが手に入ることもあるだろう。

◎会う人全員にやりたいことや夢を語ってみよう。「仲よくなってから夢を語る」のではなく、「夢を語るから仲間が集まる」というふうに意識を変えよう。

◎価値観が違うからといって、あなたのやりたいことを理解してくれないとは限らない。今まで付き合いがなかったタイプの人からヒントがもたらされることもあると心得よう。

◎やりたいことをやるために、すべてを捨てなければならないと思い込んでいないだろうか。
自分がやりたいことをまずはできる範囲で、または平日の夜や週末など使える時間を使って少しずつ始められないか、検討してみよう。

第 3 章

# 一瞬の出会いにすべてを賭ける

――仲間に誘うことは、
相手のニーズを「聞き出す」ことから

## 終わらない開発と、無数のバグと

再びビズリーチとして動き出した佐藤と南だったが、目の前の壁の大きさをあらためて思い知らされることになった。

エンジニアの仲間は見つかっていない。そしてシステム開発も遅々として進まない。サービスのリリースを予定していた6月の終わりに近づいても、開発はまだ予定の半分にも達していなかった。7月にはできるはずだと思い直したが、結局は8月になっても完成しないままだった。

本当に完成する日が来るのか、そしてビズリーチのサービスを開始することができるのか、不安ばかりが募っていく。

「いったいいつになったら完成するんですか！　約束した日をとっくに過ぎているじゃないですか!!」

と、開発委託先の社長に怒鳴ってしまったこともある。自分の未熟さを棚にあげ、オフィスを間借りさせてくれたうえに開発費用も後払いという、破格の条件で働いてくれている相手に向かって言っていいことではなかった。

それは南自身もわかっていたが、苛立ちを抑えることができない。もがき続ける毎日の中で、共同作業の歯車は少しずつ狂っていった。

ビズリーチの最大の問題点は、やはり仲間にエンジニアがいないことだ。しかし今回のトラブルはそれが根本的な原因ではない。エンジニア不在でも成功しているプロジェクトはいくらでもある。開発が進まない最大の原因は、南と佐藤がインターネットサービスを自分たちで作った経験がなかったことであった。

プロジェクト全体をうまく統括できていないため、サイト構築が進むにつれてバグが増えた。全体の設計図が曖昧なまま個別の部品ばかりを作っているようなもので、いざ部品を組み合わせようとするとズレが生じ、そのズレが開発を阻んでいる。

つまり、ここから立ち直るために必要なのは、サイト構築のプロジェクト全体を見渡して指揮をとっていくという能力にほかならない。

しかし、南と佐藤にはその経験や能力が欠けている。南と佐藤が協力するだけでは越えられない壁。その壁を乗り越えるためには、サイトのプロデュースができる仲間を巻き込むことが必要だったのだ。

そんな人材が現れたのは、サイト開発がスタートしてから4か月以上も過ぎた頃、それも思いもよらぬつながりからだった。

## 食いつなぐためのアルバイトが呼び込んだ一枚の経歴書

2008年8月。

本業であるはずのビズリーチは、いまだスタートできていない。もちろん、収益はゼロだ。結果、食べていくために南は、アルバイトとして外資系エンターテインメント企業のコンサルティング業務を引き受けていた。

コンサルティング業務は多岐にわたる。あるときその企業の本社から、業績不振により日本支社長の交代という措置が取られ、新たな支社長を採用することになった。候補が複数いたため、南がまず一次面接官を任された。南は当時32歳、ビズリーチという自分の会社もうまくいっていない身でありながら、自分より年長の候補者を面接し、社長にふさわしい人材か見定めることになったのである。

ビズリーチの仕事の合間に、南はリストアップされた候補者の職務経歴書に目を通していた。アルバイト仕事の下準備だったが、資料をめくる手がぴたりと止まった。一人の候補者の経歴が南を引きつけたのだ。

「マッチ・ドットコムの日本支社のスタートアップから4年間、COOを務める」

彼の経歴にはソニーやヤフーといった錚々たる企業名が並んでいたが、南にとってはマッチ・ドットコムという名前こそが重要だった。それは、かつてラダーズのセネデラ社長が、「ベンチマークにした会社」としてただ一つあげた会社の名だった。

マッチ・ドットコムは会員数1500万人以上の世界最大の婚活サイトである。そのビジネスモデルを参考にしたのがラダーズであり、南はラダーズを進化させたビジネスモデルを目指している。——つまりその男は、南の構想に近いビジネスを、実際に経験しているのだ。

そのうえ、経歴書にはこうも記されていた。

「本社のエンジニアとともに日本人向けのサイトを最適化したうえで、マーケティング活動に注力した結果、日本での会員数が84万人を超えるまで、サイトを成長させることができました」

単に日本支社を立ち上げただけではない。アメリカで成功したビジネスモデルを日本に合わせた形で立ち上げ、見事に軌道に乗せたというのだ。その能力や経験は、ビズリーチにとって何よりの力となる。

そんなことを考えていたら鳥肌が立った。南は思わず叫んでいた。

「和男、すごい人がいた！」

経歴書を見せると、佐藤の顔も輝いた。二人には彼の経歴が光明に思えたのである。

「南さん、すごいね！　こんな人がうちに来てくれたら最高だよね」

「ああ。どうにかして、ビズリーチのことも相談できるように持っていくよ！」

居候中のオフィスで、南と佐藤は興奮を抑えきれずに喜びを分かち合った。なんとしてもこの人を仲間にしたい、そんな思いが南の中に芽生えていた。

## 面接官が自分の話をまくし立てる

そうして南が面接することになった男が、永田信《ながたまこと》だった。

永田はアメリカの大学を卒業後、インターネットの黎明期であった1995年から一貫してインターネットビジネスに携わり、ウェブデザインからディレクション、インターネット事業のプロデュース、オンラインマーケティングなどを経験してきた。在籍した企業もソニー、AOLジャパン、ヤフー、そして前職ではマッチ・ドットコムの日本支社の立ち上げと、プロフェッショナルとしてのキャリアを順調に歩んできたのである。

インターネットの分野での仕事に自信を深める中、永田も自分自身で事業を立ち上げることも、漠然と考えていた。しかし客観的に考えた場合、「成功するITベンチャー企業の社長像」のイメージが自分とは重ならないのが問題だった。外資系企業で生きるサラリーマンとしては順調なキャリアアップをしてきた一方で、永田は突き抜けるのではなく小さくまとまってしまうという「自分の限界」も感じていたのだ。

そんな葛藤を抱えていた永田は、自分で事業を起こすことに関しては具体的なアクションを起こすことはなく、次のキャリアを考えるうえで順当ともいえる外資系企業の日本のトップである「カントリーマネジャー（日本支社長）」を意識し始めていた。南と出会ったのは、ちょうどそんなときだった。

当時、外資系のインターネット企業を立ち上げて成長させたという実績からカントリーマネジャーの誘いが増えてきており、その中の一つとして外資系エンターテインメント企業からの誘いがあった。当時は、こういった話に対しては来るものは拒まずという姿勢でのぞんでいたので、このときも恵比寿にあるヘッドハンティング会社の事務所に赴いた。扉を開けると、担当の面接官が待っていた。

「初めまして、永田さんの面接を担当させていただく、南壮一郎です」

最初はそんな普通の挨拶から始まった。しかしそこからが普通ではなかった。

面接官のはずの南が、永田の話より先に、まず自分の経歴についてしゃべりまくったのだ。

カナダの小学校に通っていたことから、静岡で中高生時代を、ボストンで大学時代を送ったこと、そして投資銀行のM&Aアドバイザリー部門でキャリアスタートし、その後ファンドの立ち上げに関わったこと。また、スポーツビジネスの世界に入りたくてメジャーリーグのオーナーに会いに行ったこと、そして日本のプロ野球の新球団設立事業に携わり、楽天イーグルスを立ち上げたこと。

南の話は20分以上も続いた。面接でそんなに長く面接官個人の話を聞かされるのは、永田にとって初めてのことだった。

面接もそっちのけで、熱っぽい口調で自己紹介し続ける面接官。――たいていの者なら面食らうだろうし、呆れて反発してもおかしくない場面だ。しかし永田は、そういう面接官を素直に面白いと感じていた。そしていつしか、南という男を冷静に観察し始めていた。

永田に投げかけられる質問一つとってみても、南の関心はずいぶんと偏っているようだった。永田の職歴から実務内容について質問してくるのは当然としても、マッチ・ドットコムについての質問がいやに多いのだ。永田を面接しているというより、マッチ・ドットコムの日本法人について分析するための取材をされている――そんな感覚だった。

その半面、肝心のカントリーマネジャーの話になると、途端に南の声には覇気がなくなった。仕事の内容や採用の条件など、必要な情報はきちんと説明してくれたが、それを永田に強く勧めてくる気配がない。

その企業のカントリーマネジャーを選ぶための面接である。候補者の永田に対しては、その仕事がいかに魅力的かを説いてもよさそうなものだ。しかし南という面接官にその意志はないようだった。

勧められない案件に対して興味が湧くはずもない。永田としては、この面接は何のためのものなのだろうと考えずにはいられないところだった。

そんな永田の心のうちに気づいているのかいないのか、南は面接の最後に告げてきた。

「永田さん、プライベートでも、是非また話しましょう。ご相談したいことがあるんです」

そうして面接が終わり、二人は挨拶を交わして別れた。普通のビジネスマン同士のように、それぞれ次の予定へと向かっていく。

永田は、いったい南という男の狙いは何なのだろうと考えていた。

## マッチ・ドットコムの元COOを巻き込め！

この面接について、南の側から見てみれば話はとてもシンプルだった。

南にとっては、永田の職務経歴書に出会った時点で面接のことは二の次となっていたのだ。その点は永田が睨んだ通りだった。

永田という男を、なんとしてもビズリーチの仲間にしたい。――南の心に宿っていたのはその思いだった。

面接で向かい合った永田は、自分の予想以上に魅力的な男だった。淡々と笑顔で話す姿にも、仕事に対する厳しさとプロ意識を見てとることができた。それは外資系企業で揉まれてきた者に見られる特有の強さだと、同じく外資系企業での勤務経験のある南には直感できた。

共通点だけではない。永田は南にないものを持ってもいた。32歳の南より6歳年長で、大人の落ち着きも漂わせていたし、熱っぽく話す南のことを冷静に観察しているようでもあった。しばらく話をしただけで、ロジカルに考え冷静に判断するタイプだとわかった。停滞しているビズリーチの開発プロジェクトのマネジメントを頼むのにはうってつけの人物だ――経歴だけでも申し分ないと感じていたが、直接その人物を見てさらに確信は深まった。

確信した以上、別の会社のカントリーマネジャーを勧める気になれるはずもない。もちろん引き受けた仕事として面接官の職責は果たすが、本音としては自分のところに来てほしいと言いたかったのである。

だから、懸命に自分のことを話した。なんとしてでも自分を売り込み、印象を残すしかない、その想いがさせた行動だった。

結局、永田は後になって自ら断りの連絡を入れてきた。募集をかけていたヘッドハンターにも直接連絡を入れたとのことだったが、南に対しては個人的なメッセージをくれていた。

「南さんとは今後もお付き合いをさせていただければと思っておりますので、何か私に相談したいとおっしゃっていた件に関しては、いつでもご連絡いただければと思います」

メールのそんな文面こそが、南の待っていた吉報だった。南は早速、永田に電話をかけた。

「永田さん、一つ折り入って相談があります」

「いいですよ、私でお役に立てるようであれば相談に乗りますよ」

永田の返事は早かった。南の行動を予期していたようでもあった。

だったら南の次の言葉もお見通しかもしれない。南は読まれているのを承知で誘った。

「よかったら、近いうちにお茶でもしながら、ざっくばらんに話しませんか?」

## 問いかけられた二つの質問

二人は、赤坂のカフェで待ち合わせた。面接官として出会った永田に、今度は南からビズリーチの事業構想について相談を持ちかけたのだ。

ひと通りの話を聞いた永田は穏やかに言う。

「インターネットビジネスの経験がない割には、なかなかいい観点ですね。面白いと思いますよ」

面白い——半年前に佐藤に言われて以来、久々に耳にした賛成意見だった。あれから永田に会うまでの間にも、何百人にこの事業を否定されたかわからない。南自身、これまでの行動や経験から、新しいことを興そうとしているときに、周囲から猛烈に反対されることには多少慣れていた。しかし今回は、これまでと違い、システム開発という自らの力だけでは乗り越えられない壁にぶつかり、出口のない迷路をさまよっている感覚だった。自分が描いた事業計画は、世の中に通用するのかと、何度も自問した。だが、永田はちゃんとわかってくれた。インターネットビジネスの最前線を走ってきた男が、面白いと言ってくれた。南にとって、このときの感覚は忘れられないものとなった。

南は構想だけでなく、今置かれている苦境についてもありのままに話した。

「現在、僕と佐藤という相棒、そして学生インターン2名でシステム開発を進めています。本来であれば6月にはサービスをスタートしていたかったのですが、8月を過ぎてもスタートする目処が立っていません。どうすれば、インターネットサービスを立ち上げて、ビジネスとして成功させることができるのでしょうか?」

質問の形をとってはいたが、南の中では答えが出ていた。停滞している開発を軌道に乗せるには、永田のようなスペシャリストの力が必要だ。心の底では、永田が「私がマネジメントを引き受けましょう」と言ってくれるのを期待していた。

しかし永田は、答えの代わりに質問を返してきた。

「その前に、二つ質問があります」

「何でも聞いてください」

「まず、そのサービスの市場規模と成長性はどれぐらいですか？　そして、それを今のタイミングで立ち上げる理由は？　――この2点です」

「…………」

鋭い質問だった。難航しているシステム開発の話の前に、ビズリーチのビジネスの根本を問う質問だ。南は咄嗟に答えを返すことができなかった。

見た目の穏やかさとは裏腹に、永田のビジネスに対する厳しい姿勢が伝わってきた。数字とデータをもとにロジカルに判断し、ビズリーチというビジネスを見定めようとしているのだろう。そういう男が判断に私情を挟むとも思えない。南がいかに苦境を訴え、同情を引こうとしたところで何の効果もなさそうだ。

彼を口説くためには、今までのようにただ熱く夢を語るだけではダメだ。十分な準備を整えてのぞむべきだと思った南は、こう提案した。

「その質問に答えるには、今日は時間が足りません。明日、もう一度会えませんか？」

「わかりました」永田は穏やかに微笑んだ。「では、明日の午後1時でどうでしょう？」

時計はその頃、ちょうど午後1時を指していた。二人は24時間後の再会を約束して別れたのだった。

## ビズリーチに、仲間になる価値はあるか？

別れ際、永田は南に向かって告げた。

「それじゃあ明日。楽しみにしてますね」

社交辞令ではなく、本当に楽しみに思っていた。南にぶつけた質問には、彼を「試す」狙いがあったからだ。

破天荒な面接官として出会った彼を、面白いと思うと同時に、若くて優秀なビジネスマンであるとも感じていた。スポーツビジネスの世界に強引に飛び込んでいった突破力にも、彼から漂うただならぬ情熱にも敬意を抱いていた。それらは、いずれも自分にはないものだったからだ。彼が本音を打ち明けてくれた今、彼が面接のときから秘めていた狙いも理解できた。

南壮一郎は、自分を仲間に引き入れたがっている。

その気持ちはしっかりと伝わってきた。しかしそれに応じるかどうか判断するには、今は材料が足りない。

永田は自分自身について、見た目や口調ほど優しい人間ではないし、意地の悪い人間だと考えている。知り合って間もない南の期待に簡単に応えてやることより、南という男を見定めることに意識が向いていた。あえて24時間という短い時間を設定することで、彼はいったいどんな答えを持ってくるだろうか——それが永田には楽しみだった。

南に対して、頭のいいバイタリティのある人間という印象は持っている。しかし一緒に仕事をしたことがない以上、南のビジネスマンとしての能力はまだまだ未知数だ。起業家として新規事業にどの程度の準備ができているのか、仮に現時点では完璧にできていなくてもこの24時間でどこまで準備できるのかを試すため、南に二つの質問をぶつけたのである。

ビズリーチというサービスの市場規模と成長性は？

今のタイミングで立ち上げる理由は？

極めてシンプルな質問だ。しかし南は、その質問に答えるには時間が足りないと言った。それはつまり、質問のシンプルさの奥にあるものについて理解していたということだ。

相手にシンプルな問題を出し、どんな答えを返してくるかでその人物が判断できる。——それが永田の持論だった。とりあえず今のところ、南はその場しのぎの適当な答えを返す男ではないというわけだ。

明日、南がどんな答えを持ってくるかで、彼の持っている能力を判断できる。今日は南が面接官だったが、今度は永田が南を見定める番だった。

新規事業を立ち上げる際、その業界でどれぐらいの金が動いているのか、その中でどれぐらいのシェアをとれるのか、事前に調査するのは当たり前のことである。その調査がしっかりできていれば、将来的にどれぐらい儲かるのかの予測も立つ。南という男の行動力が、そうした調査と予測にどのくらい活かされるのかを見てみたかった。

「ビズリーチ、か」

南が言った社名を繰り返してみた。ビジネス＋リーチというネーミングは、自らの手を伸ばし、ビジネスチャンスを主体的につかんでいくという意味を込めてつけたものだと、彼は言った。それはサービスのスタートに向けて苦闘している南の現状とも重なるし、事業の見込みについて判断したい永田の考えとも重なる。今の南と永田について語ってくれているような社名だった。

南にはインターネットビジネスの経験がない。だからサイトのシステム開発で苦労している。それは容易に想像できたが、さらに一歩進んで、仮にシステム開発が終わってサイトが立ち上がったとしても、このままではビジネスにならないということも永田には理解できていた。

反対に、永田はインターネットビジネスの経験は豊富で自信もあるが、南のようなファイナンスのバックグラウンドもなければ、ブルドーザーのような突破力も持ち合わせていない。

だったら、南と自分がお互いを補い合う関係になれば面白いことになるかもしれない。さらに言えば、あの行動力こそが、自分にはない「成功するITベンチャー企業の社長像」に限りなく近い姿であると感じていた。

そんなことを考えて、永田は本当に楽しみな気持ちになっていたのだった。

## 1日は、本当に24時間なのか？

一方、オフィスに戻った南は、早速ことの顚末を佐藤に話していた。

彼から出された宿題、二つの質問について説明した後で、会話の裏側で感じたことについても話した。

「永田さんは多分、俺たちを試してるんだと思う」

「えっ、試してるって、どういうこと？」

「永田さんの質問——市場規模やタイミングって言葉をどう捉えるか、どこまで想定してデータを出せるかで、答えはまったく変わってくる。俺たちにどこまでやれるのかって言われてるのと同じことだよ」

「なるほど……」

佐藤もそれで納得した。そして南の気持ちを高めるようなこんな言葉を投げかけてくれた。

「じゃあ、負けられないね」

佐藤の言葉に、南もあらためて腹をくくった。仲間にしたい永田が相手だからこそ、ここは絶対に負けられない。求められている以上の答えを出すしかない。永田の期待値を超えたいという気持ちが湧き上がってきた。

「永田さんを口説くにはデータが必要だ。俺と和男で、まずそのデータをかき集めよう」

「わかった。どうすればいい？」

そして二人は、調べるべきことを列挙していった。マーケットの市場規模や競合の状況、そこで見込める売上と会員数の推移、将来的にマーケットの中でどの程度のシェアを獲得し、どの程度の成長を目指すのか。あらゆる想定をとことん突き詰め、数値化していくべきだと思えた。

そのリストアップ作業が終わる頃、佐藤が南に尋ねた。

「このプレゼン資料は、いつまでに作ればいいの？」

「明日の午後1時。24時間後に会おうって約束したんだ」

「明日ぁ？」

佐藤は思わず時計を見つめた。――南の女房役として、徹夜作業くらいは厭わないいつもりでいたが、それにしても急すぎる。

「南さん、いくら何でも無茶だよ。24時間どころか、20時間くらいしかないじゃないか！」

「いや、20時間じゃないよ。俺たちは、二人でやるんだ」

南は即座に言い返した。その目は、まっすぐに佐藤を見つめていた。

自分は一人ではない。自分には佐藤という強力な仲間がいる。その存在が、南の時間に対する考え方を変えていた。

「俺の20時間と和男の20時間、足せば40時間もある。なんとかなるはずだ」

強引な理屈なのは自分でもわかっている。しかしその強引さは、佐藤が南に与えてくれた力だった。傍らに佐藤がいるからこそ、南一人ではできないことができるのだ。

「……わかった、やってみよう」

佐藤が言った。それから二人は、夜を徹しての作業にとりかかった。

「和男、年収750万円以上のビジネスパーソンの、年代別転職意向率調べてくれない？」

「OK、探してみる！　その間に想定会員数推移の算出ロジックを作っておいてよ」

「大丈夫、もう考えてあるよ」

翌朝までかけて、二人は必死に数字と格闘し続けた。眠気が押し寄せてくることもあったが、それを弾き返すモチベーションがあった。夜が更け、やがて朝が近づいてくる時間の中で、気持ちはしっかりとブレなかった。永田の期待に応えたい。彼を仲間に引き入れたい。——そんな気持ちも大きい。しかしそれ以上に、二人はともに戦う感覚に興奮を覚えていた。南と佐藤で役割を分担し、共通の目的に向かって進んでいく感覚だ。

今も難航しているシステム開発では、ともすると二人は方向性を見失い、必死で進んでいるつもりで道に迷っている、というようなことが多々あった。しかし限られた時間の中で永田の出した問題に挑むことは、ともに同じ方向を向いて障害を乗り越えていくことでもあった。互いに相手を信頼して自分にできないことを任せ、相手からの信頼を自分の力に変えてがんばることができたのだ。

## いよいよプレゼン当日。はたして——

そうして夜が明けた。膨大な数字が弾き出され、永田のシンプルな問題に対する答えとしてまとまった。

「ありがとう。和男のがんばりで、20時間もかからずになんとかなったよ」

南は思わず言った。自分で言い出しておきながら、それを達成できたことに感動してもいた。

しかし佐藤は、そんな南をたしなめた。――今はまだ、喜ぶタイミングではない。

「まだ終わってないよ。南さんは、このデータを11時までに、全部頭に叩き込んで」

「データって……これを、全部?」

エクセルシートには今後5年間の成長を想定した、無数の数字が並んでいた。一夜漬けに慣れた受験生でも逃げ出すような情報量である。

しかし佐藤は、当然だろうという顔で南を見据えた。

「永田さんを口説いて、仲間に引き入れたいんだろ? そういう相手に、『僕の持ってきた資料にひと通り目を通してください』なんて言うつもり? これを全部、南さんの言葉で伝えなきゃ始まらないよ」

佐藤の言っていることは正論だ。そんな正論をぶつけてくれる仲間がいることを、南はありがたく思った。

「わかった。頭に叩き込む」

笑顔で答えることができた。佐藤も笑顔でうなずいてくれた。

「じゃ、このデータからよろしく。この資料から先は、覚えやすいようにもう一段階まとめておくから」

そうして約束の午後1時。南は赤坂のカフェで永田と再会した。

「国税庁の資料によると、年収750万円以上のビジネスパーソンは給与所得者全体の約13％程度と想定されます。そしてこの資料は、リクルート社が発行している年代別の転職意向率です。このデータを元に、ビズリーチの会員となりうる想定数を算出すると——」

南の声に、いつになく熱がこもる。佐藤とともにがんばった時間の重みが、エネルギーとなっているのだ。

だがこのとき、南はなるべく感情をおさえ、極力ロジカルに語るよう心がけていた。南と佐藤がビズリーチのビジネスでやろうとしていることを、自分の言葉で丁寧に説明していった。

永田が出した、たった二つのシンプルな質問。その質問への回答には、実に2時間を要した。そして永田は、その説明のひと言ひと言にしっかりと耳を傾けてくれた。

「南さん、ありがとう。よくわかりました」

最後に永田は、そう言ってくれた。それは、南と佐藤の20時間が報われた瞬間だった。

## 三人目の仲間——「冷静なプロデューサー」永田信

今度は永田が語る番だった。永田は穏やかに口を開いた。

「実は私も、いつかは自分で事業を創って大きなことをやりたいとずっと思っていました」

永田は今まで明かしていなかった内心を打ち明けた。しっかりと説明してくれた南に報いるために、自分もありのままを話すことにした。

「だけど、私は自分がナンバーワンになるタイプではないとわかっています。だからずっと、一緒にやりたいと思える、理想の社長を探していたんです」

南こそが理想の社長だ、とまでは言う気はなかった。そう言えるほど、南壮一郎について知っているわけではない。

しかし昨日の永田の問いかけに対し、南は全力で答えてくれた。南の回答は、永田の期待に十分に応えてくれるものだった。いい意味で想定内の内容だったし、そこに予想以上のエネルギーを費やしてくれたのも嬉しかった。この男となら、一緒にビジネスをできると思えた。

「南さんの行動力を見れば、今説明してくれた数字を達成して、事業を成功させる人間だと信じることができます」

昨日の永田は、南を試したつもりだった。しかし今、永田は自分の中に期待があったことに気づいていた。南を試すというより、直感したことを確認したかったのかもしれない。

南はその期待に応えてくれた。だったら今度は、自分が南の期待に応えてやりたい。6

歳年長の永田の中に、元気なやんちゃ坊主のような南の面倒を見てやりたい気持ちが芽生えていた。

「ビズリーチの状況をうかがって、私には南さんや佐藤さんにできないことをできると思いました。そしてこの先、南さんは私にはできないことをできる。役割を分担し合えるはずです」

事業は一人ではできない。そこには役割分担が必要だ。自分と南にはそれができると感じていた。

金融とスポーツ業界で新規事業を立ち上げてきた経験を持つ南。長年インターネット業界で経験を積んできた自分。

熱い想いと人並はずれた行動力を持つ南。冷静に観察してロジカルに判断する自分。

二人の役割はまったく違ったものになるはずだ。だから一緒にやれる。一人ではないことが強みになる。

永田は頭の中で、理詰めで結論を出していた。しかし、そんな理屈を一つひとつ南に伝える必要がないこともわかっていた。

「力を合わせて、一緒にこの事業を成功させましょう」

まっすぐにそう告げ、二人でしっかりと握手した。

それが、ビズリーチに三人目の仲間が加わった瞬間だった。

## 巻き込んだ仲間と、果たすべき約束

しかし、心強い仲間を得たからといって、それだけで事態が打開されるわけではない。ビズリーチの置かれた状況が苦しいものであることに変わりはない。協力して事業を成功させようと言ってくれた永田に対して、南は給料を支払うことさえできないのだ。

永田はそのことについてもわかってくれた。当面は家族の生活のために別の仕事を続けながら、夜と週末だけ、「草ベンチャー」で手伝うと約束してくれたのだ。南にできるのは、もしビズリーチがうまくいって給料を支払えるようになったら、真っ先に会社の仲間に迎え入れると約束することだけだった。

代わりに永田は、南に三つのことを約束させた。

「人集め、資金集め、広告塔。僕が南さんに期待する役割は、この三つです。人集め、資金集めは言葉の通り、最後の広告塔の意味は『プライベートを捨ててくれ』ということです。ベンチャー企業が世に出ようと思ったときには、当然社長を企業アイコンとしてメディア露出に使います。そうなると、もちろんいいことも悪いことも両方想定できますが、プライベートを捨ててでも、会社の顔として、メディアに出る覚悟はありますか？」

相変わらず穏やかで論理的な口調で、永田はそう言った。彼にそう言われたことで、南は自分のやるべきことをあらためて実感できたような気がして、「もちろん」と即答した。

いや、三つの役割以前に、永田が出した二つの質問だって、南にやるべきことを教えてくれていたのかもしれない。あの質問が、南と佐藤の20時間のがんばりを引き出した。永田のマネジメントが自分たちの力を引き出してくれたともいえる。

結局、永田の手のひらの上で踊らされていたのだろうか。そんな考えも頭をよぎったが、そう考えることで嬉しい気持ちになれた。

それは永田には人を踊らせる力量があるということだ。そして永田は、南に踊る才能があると認めてくれている。

永田が踊らせる役なら、自分は踊る役。それも役割分担だ。それならば、誰よりも見事に踊ってみせればいい。ビズリーチの社長として、永田が課した三つの役割を完璧なまでに果たしていこうと思えた。

こういう仲間の形もあるのだ。佐藤とともに過ごした濃密な20時間の後で、南はそれを実感できた。

佐藤とやったように、共通の問題に取り組む形もあれば、永田のように人を動かす形もある。それぞれの役割がしっかりと機能したときには一人ではできない力を発揮できる。

今はまだ、目の前に大きな壁が立ちふさがっている。しかし南は、その壁を乗り越える力を得たように感じていた。

Lesson3

# 仲間に誘う
## ――なぜ最初のチャンスでニーズを聞き出すべきなのか？

### ▼出会いは一瞬。だからこそ、恐れずに全員に伝え続ける

一期一会。

永田との出会いを振り返って思うのは、まさにこの言葉だ。

人の出会いや人の気持ちは、ほんの一瞬で決まる。だから、一緒に何かしたい、仲間になりたいと思う人には、チャンスを逃さず、自分から声をかけにいかなければならない。自分が「いい」と思える人は世の中にそんなにはいない。すぐさま声をかけるべきだ。

だから面接官という立場だったにもかかわらず声をかけたのだが、永田との出会いのエピソードを話すと、「永田さんの気持ちを考えたらそんなことはできない」というご意見をいただくことも多い。

確かに、面接の間、本当のところ永田がどう考えていたのかはわからなかった。しかも、自分よりも6歳年上の、外資系企業で相当の場数を踏んでいる男である。インターネットビジネスのことも詳しいだろうし、何も知らずに飛び込んでもがいている僕の話など、一笑に付される可能性だってあっただろう。実際にこの頃は何

度も何度も断られ、否定され続けていたわけで、「また失敗するかもしれない」という恐怖は、当時の僕の中に常にあった。

それでも、僕は直感的に「いい」と思った人全員に声をかけ続けることを自分に課している。これは社長の仕事として永田から「人集め」を課された後もずっと、つまり今もそうだ。

なぜなら、言って断られる後悔よりも、言わない後悔のほうが圧倒的に大きいからだ。また、断られることで失うものは何もない一方で、たった一人の賛同者が僕の人生や会社の運命を変えることだってあるのだ。

目の前に、仲間になってほしい人がいる。だったら、相手が何を考えているのかわからないのに自分で考えすぎてもしようがないじゃないか。自分の直感が「いい」と思った人がいるなら、思いきって自分の想いを告白してみればいいじゃないか。

そう思って行動し続け、たまたま想いの届いた相手が永田であり、その場がたまたま面接中であった。たったそれだけの話なのだ。

## ▼偶然は、行動の積み重ねの結果

今、「たまたま」という言葉を使ったが、ここで勘違いしてはいけないのは、僕が永田と出会えたことは決して偶然ではない、ということだ。

チャンスをチャンスと気づくための積み重ねをしてきたからこそ、永田というキーパーソンと出会ったときにしっかりと反応できたのだ。

もし、「ロイホの会」で海外にまで視野を広げて情報収集を行っていなかったら？　もし、ラダーズのマーク・セネデラ社長に会いにニューヨークまで行かなかったら？

僕はマッチ・ドットコムという「ベンチマーク」とするべき企業のことすら知らず、たとえ永田の経歴書を見てもチャンスだと気づけずに、スルーしてしまっていただろう。

「よりよい情報を」とアンテナを立て、何百回も伝え続けていたからこそ、チャンスをチャンスと気づくことができ、永田という仲間の存在に辿り着くことができたのだ。

そう、仲間との出会いに偶然はない。すべては必然の連続であり、出会うまでどれだけの積み重ねをしてきたか、にかかっている。

## ▼後悔しない誘い方――恐れを乗り越えるために

否定されるのを恐れつつも、なぜ動き続けられたか。それには別の理由もある。

そもそも「すべての人に受け入れてもらえる」とは最初から思っていないこと、だ。

「全員に受け入れられなくても、大丈夫」

こう思えるかどうかで、ものの見え方はずいぶん変わってくる。

なぜなら、「一人でも多くの人に受け入れられなければ」と考えて自分で自分を追い詰めてしまっている人があまりにも多いからだ。もちろん、全員に受け入れられたいという気持ちは僕の中にもある。ただこの考えに縛られてしまうと、考えすぎて手が止まってしまいかねない。さらには自分で自分の心のハードルを高めることになりかねず、本末転倒な結果となってしまうこともあるだろう。

考えすぎずに、素直に想いを伝え続けること。この姿勢でいたことこそが、「永田」に出会うまであきらめずに行動し続けられた最大の要因だったと思う。

## ▼聞くこと、応えること――一度きりのチャンスで、相手の課題を聞き出す

永田との出会い、そして永田からの「宿題」は、もう一つ大事なことを教えてくれる。それは、仲間という関係性は一方通行ではなく、「双方向の信頼」で成り立っているという単純なことだ。

どうしても仲間になりたい、もしくはなってほしいのなら、チャンスを逃さず伝えなければならない、ということはこれまでも述べてきた通り。だが、このときもう一つ重要になるのは、相手が持っている問題意識や疑問や不安に思っていること、

相手がやりたいことを聞き出す、ということだ。

永田のように、自分が躊躇する理由を正確に把握して、問題解決をするために相手に課題を出せる人間は少ないだろう。ならば、こちらが相手の想いや課題、やりたいことをしっかりと引き出して、抱えている問題点に真摯に向き合い、解決してあげることが、やがて信頼関係につながっていくのではないか。

最近、僕は「グローバル人材」について聞かれることが多くなってきたが、それに対する答えも同じ。言葉が通じないということ以前に、相手が伝えようとすることをちゃんと聞いて理解しようとする心構えを持てているかどうか。出てこない単語を埋めてあげたり、言おうとしていることを質問で補足したりしてあげるのもよし。ジェスチャーを交えて聞いたり、笑顔で頷いてあげたりするのも「あり」だ。相手の気持ちになって「引き出す」力こそが、グローバル人材に求められる重要なコミュニケーション力と言える。

自分の夢をみんなに追ってもらうのではなくて、仲間になることで、みんながそれぞれ抱える課題が解決されてやりたいことに近づける、そんな関係性を作るためにも、誘うときに仲間の「声」を引き出すことはとても重要なのだ。

### 仲間づくりのステップ〈3〉

## ニーズを聞き出し、仲間に誘う

◎やりたいことと、一緒にやりたい仲間を探すための「アンテナ」を立てているだろうか？　見過ごしてしまった情報にチャンスがある可能性はないだろうか？　チャンスをチャンスと気づくための情報収集を心がけよう。

◎「自分はまだこの人に会うための準備ができていない」などと言って、先延ばしにしていないだろうか？　目上の人であろうと、「この人！」という人がいれば、何度も足を運び、「ハダカ」で跳ぼう。

◎「全員に受け入れられなければ」と思い込んでいないだろうか？　もっと自己中心的なくらいの気持ちで誘っても全然かまわない。自分の気持ちに素直になって、想いを伝えてみよう。その際、相手のニーズを聞き出すことを意識すれば、想いはより届きやすくなるだろう。

◎「一人でも多くの人に受け入れられなければ」と気負ってしまうと、行動に移すことがどんどん難しくなっていく。むしろ「想いを伝える場」をたくさん作り、「質」よりも「数」を意識しよう。

第４章

# ひとりよがりではなく、仲間と決める

――仲間の言葉を「信じる」ことが、
自分のリミッターを外してくれる

## 突如現れた広報のプロフェッショナル

仲間が仲間を呼ぶ。

永田信が加わってしばらく経った2008年10月上旬、ビズリーチにもう一つの出会いが訪れた。

話の発端は佐藤和男だった。佐藤がかつて開催していた朝活セミナーの参加者の中に広報のプロフェッショナルという女性がいた。1年以上会っていなかったが、久しぶりにその女性とランチをすることになった佐藤は、雑談の中でビズリーチのビジネス構想について話してみた。すると、彼女はいきなり身を乗り出したのだった。

「和男さん、そのサービスは世の中を変える可能性がありますよ！」

それが田澤《たざわ》玲子《れいこ》だった。特に佐藤のほうから広報戦略についてアドバイスを求めたわけでもないのだが、広報のプロフェッショナルの視点から断言してくれたのだ。

「そんな画期的なサービスを始めるのなら、絶対に記者発表会をやるべきです！」

実にポジティブな口調だった。輝いた目がまっすぐに佐藤を見ていた。

確かに、佐藤にも思い当たる節があった。自身がずっと続けていた「朝活」が注目を集めたきっかけは、メディアに取り上げられたことだった。当時まだマイナーな活動だった朝活のさきがけとして、佐藤はどんどんメディアに取り上げられていった。結果、社会現象とも言えるムーブメントになった。メディアの影響力を、自らの肌で感じ取っていたのだ。

とはいえ、佐藤にはこの段階でビズリーチの広報活動について判断を下すこともできない。なにせ、肝心のシステム開発の目処も立っていないのだから。結局佐藤は、田澤の提案に対して、「持ち返って相談してみるよ」と答えておくにとどめたのである。

## 記者発表なんて必要ない――南の限界

しかし持ち返った先での、南の反応は鈍かった。

「えっ、記者発表会?」

南は怪訝そうに聞き返した。永田が加わったとはいえ、サイトのシステム構築に苦労している状態に変わりはない。記者発表会について考えている暇はない、というのがビズリーチ代表としての考えだった。

「そんなことをやってもメディアなんて来ないよ、そんな状況でもないし、そもそもそんなことをやって本当にメディアが来るの? 来るかどうかもわからないことはやめとこう」

「和男、記者発表会というのはそもそも大企業がやることだ。ベンチャーがやっても、そうそううまくいかないよ。楽天イーグルスでさえも、楽天という大企業がバックについて、そのうえ、相当な工夫をしないとメディアが来てくれなかったんだから」

あっさりとそう結論し、いつもの業務に戻っていく。それはそれで正論であり、佐藤としても南の判断に強く異を唱えることはできなかった。

しかし同時に、佐藤は田澤の提案を切り捨てるべきでもないと考えていた。広報に関しては、南だって佐藤と同じく素人である。専門家からの提案に対して、素人の判断だけで否定してもいいものだろうか？　また、これまで大企業でしか働いたことがない南の中に思い込みの壁があるとも感じた。

2年以上にわたって朝活セミナーを開催する中で、佐藤は様々な分野のプロフェッショナルと接してきた。専門分野を持つ人間の力を認め、そこから学ぶ経験を積み重ねてきたともいえる。その経験から来る勘が、佐藤の中でこう告げていた。

田澤は広報の専門家である。いくつもの企業で広報を担当し、プレス対応やマスコミ活用のノウハウを持っているはずだ。そのプロフェッショナルからの提案を、このまま切り捨ててしまうなんてもったいなさすぎる。

そこで佐藤は、田澤に対してこう返事することにした。

「玲子さんの提案について、うちの南が半信半疑なんです。広報のプロの立場からアドバイスしてもらえませんか？」

自分が言ってもダメならば直接会わせてしまおう、そうすれば南も田澤の提案の意味を少しはわかってくれるだろうし、何か化学反応が起きるかもしれない。そう期待しての返事だった。

田澤は佐藤より一つ年上、南とは同い年になる。さらにどちらも直感的に物事を捉えるところは似ていて、直接顔を合わせることで理解し合えることもあるだろう。田澤の提案が本当に価値のあるものならば、南は動くはずだと思えた。

そして田澤玲子は、佐藤の頼みに笑顔で応じてくれた。

「わかりました。直接お伝えさせてもらいますね」

## 田澤玲子の信条「攻める広報」

毎日一人でも多くの笑顔が見たい。

それが田澤玲子のモットーだった。一人でも多くの人に笑顔になってもらいたくて毎日生きている、というのを信条にしていた。

それを仕事に活かしたのが、「攻める広報」という考え方だった。具体的には、PRしたい企業や団体、人を題材に、時流に合わせて面白い企画を作り出し、積極的にメディアに伝え、取材してもらって広めてもらうという活動だった。料理にたとえると、どうしても食べたくなるよう、素材が引き立つように料理し、綺麗に盛りつけをして、できるかぎりの力で想いを込めて、ストーリーを交えながらメニューの説明をするようなものだ。

たとえば、素晴らしい商品があるとする。素晴らしいものである以上、それを知ったら嬉しくて、ハッピーになれる人が必ずいる。しかしその商品を生み出す企業がうまく告知できていなかったら、その商品は世の中に広まっていかない。結果、知らないがためにハッピーになれない人が生まれることになる。生まれるはずの笑顔が生まれないまま終わってしまうのだ。

しかし、そこに広報のプロフェッショナルがいれば話は変わってくる。的確な広報活動をできれば、素晴らしい商品を、メディアを通じて世に広めることができる。テレビや新聞、インターネットや雑誌を通じて、それまで知らなかった人に知らせることができるのだ。それができたら、素晴らしい情報を得た人々と、宣伝力がなくて素晴らしい情報を広められずにいた企業、両者がハッピーに、笑顔になれる。メディアを通すことで、たくさんの笑顔を一気に生み出すことができる。

それを積極的に行っていくのが、田澤の考える「攻める広報」だった。そして今、田澤玲子の攻めるべき相手は、ビズリーチの代表、南壮一郎だった。

ビズリーチのビジネスモデルは、多くの人を笑顔にする可能性を秘めている。広報のプロフェッショナルとして、田澤はそのサービスを世に広めるべきだと考えた。そのための具体的な提言が、佐藤に対する「記者発表会をやったほうがいい」というアドバイスだったのだ。それに対して南壮一郎が半信半疑だというのなら、自らのプレゼンテーション能力を駆使して説得したいと思った。

というのも田澤は、様々な企業の広報の仕事をする中で、一度話を聞けば、その企業はメディアが興味を持つ要素を持っているかどうか、わかるようになっていた。そして、「世に広めるべき」と思えるものには、そんなに頻繁には出会えないのもわかっていた。だから、本当に広めるべきアイデアに出会うと、自然にワクワクしてしまう。おせっかいであることはわかっていながら、「せっかく素晴らしいアイデアなのだから、ちゃんと手をかけて広めていったほうがいいですよ」と言わずにはいられなくなるのだ。

## 田澤と南——ビズリーチを想うがゆえにすれ違う二人

そんな気持ちが膨らんだのには、田澤の個人的な事情もあった。

その頃、あるベンチャー企業で広報を担当していた田澤だったが、そこでは不景気のあおりを受けて、企業のニーズが激減し、売上も減少していた。田澤も広報の仕事を封印され、直接売上アップに貢献できる営業サポートの仕事に回るよう指示されていたのだ。大学を出てからPR代理店、企業広報と、10年間、広報の仕事だけをし続け、広報バカというほどその仕事が好きだった田澤にとって、やりたい仕事ができないのは、まるで空気を吸えていないのと同じ。「仕事でなくてもいいので少しでも広報に触れたい」——毎日、ジレンマを抱えながら仕事に向き合っていたのである。

ビズリーチという面白いアイデアと出会ったのはまさにそんなときだった。そしてその代表を説得するため、田澤は佐藤に連れられて南の待つビズリーチの本拠地に乗り込んだ。他の会社のオフィスに間借りしているという、小さな会議机が一つだけのオフィスである。そこで待っていた、白シャツにカーキ色のジャケット、ジーンズ姿の男が南壮一郎だった。スーツでないせいで話しやすそうな雰囲気で、それでいてカジュアルすぎることはない。まずは好印象を抱くことのできる男だった。

小さな机を挟んで彼と向かい合う。紹介者である佐藤和男は、南ではなく田澤の隣に座ってくれた。

初対面の挨拶を交わし、軽く世間話などする間、オフィスの片隅に置かれたダンボール箱が目についた。何だろうと思う間もなく、南のほうから説明してくれた。

「実家が今度引っ越しをするのですが、母親から、自宅の倉庫に子どもの頃に住んでたカナダ時代の思い出の品があるので送りたいという連絡があって、送ってきたんですよ。近頃はこのオフィスにほとんど泊まり込んでる状態なんで、ここに送ってもらいまして」

箱の前には、少年時代の南の写真が立てかけられていた。小柄な男の子が野球をしてい

郵便はがき

料金受取人払郵便

渋谷局承認

2196

差出有効期間
2026年12月
31日まで
※切手を貼らずに
お出しください

150-8790

130

〈受取人〉
東京都渋谷区
神宮前 6-12-17
株式会社ダイヤモンド社
「愛読者クラブ」行

本書をご購入くださり、誠にありがとうございます。
今後の企画の参考とさせていただきますので、表裏面の項目について選択・ご記入いただければ幸いです。

ご感想等はウェブでも受付中です(抽選で書籍プレゼントあり)▶

| | | | |
|---|---|---|---|
| 年齢 | (　　　)歳 | 性別 | 男性 / 女性 / その他 |
| お住まいの地域 | (　　　)都道府県 (　　　)市区町村 | | |
| 職業 | 会社員　経営者　公務員　教員・研究者　学生　主婦<br>自営業　無職　その他(　　　) | | |
| 業種 | 製造　インフラ関連　金融・保険　不動産・ゼネコン　商社・卸売<br>小売・外食・サービス　運輸　情報通信　マスコミ　教育<br>医療・福祉　公務　その他(　　　) | | |

DIAMOND 愛読者クラブ　メルマガ無料登録はこちら▶

書籍をもっと楽しむための情報をいち早くお届けします。ぜひご登録ください!

- 「読みたい本」と出合える厳選記事のご紹介
- 「学びを体験するイベント」のご案内・割引情報
- 会員限定「特典・プレゼント」のお知らせ

## ①本書をお買い上げいただいた理由は？
（新聞や雑誌で知って・タイトルにひかれて・著者や内容に興味がある　など）

## ②本書についての感想、ご意見などをお聞かせください
（よかったところ、悪かったところ・タイトル・著者・カバーデザイン・価格　など）

## ③本書のなかで一番よかったところ、心に残ったひと言など

## ④最近読んで、よかった本・雑誌・記事・HPなどを教えてください

## ⑤「こんな本があったら絶対に買う」というものがありましたら（解決したい悩みや、解消したい問題など）

## ⑥あなたのご意見・ご感想を、広告などの書籍のPRに使用してもよろしいですか？

1　可　　　2　不可

※ご協力ありがとうございました。

る写真だ。まるでヘルメットにかぶられているみたいな姿だった。かわいいな、と思った瞬間、初対面の緊張感が親近感へと変わっていった。

南はそのまま、自分について語り始めた。少年時代の思い出や、その頃から憧れていたメジャーリーグのこと、そしていつかメジャーリーグの球団オーナーになるという夢のこと。その夢に向けて楽天イーグルスの立ち上げに参画したこと、そして迷いながらも踏み出した第一歩、ビズリーチのビジネス構想のこと。アメリカに渡ってラダーズのセネデラ社長に会って自信を得たことや、サイトのシステム構築で悪戦苦闘していること。

南の熱っぽい口調に耳を傾けているうちに、いつの間にか話が本題に入っていた。頃あいを見て、田澤は「攻める広報」に取りかかった。

「ビズリーチが業界で初めてそういうサービスを行うっていう内容で記者発表会を開いたら、たくさん取材してくれると思いますよ。これまでのストーリーは人をひきつける要素がありますし、南さんのその熱意のこもった話し方はスポークスパーソンとしても素晴らしいです」

社交辞令ではなく、正直な気持ちだった。南壮一郎という経営者は映像メディアにも映える——そう直感していた。田澤自身もワクワクし始めていた。言葉が止まらない。

「だから、記者発表会は絶対にやったほうがいいです。サービス開始は一生に一度しかないチャンスですから」

少し前のめりになって、あらためて提案した。しかし南の反応はにべもなかった。

「なんで記者発表会なんかやるんですか？　記者発表会なんて大企業のすることじゃないですかね。誰も知らないベンチャー企業が記者発表会なんかしたって、メディアの人は来ないと思うんです」

きっぱりと告げられた。たとえ田澤本人を目の前にしていても、気を遣って言葉をやわらげたりはしない人物のようだ。

語り口から感じられた熱意は、納得いかない提案を拒むエネルギーにも変わってしまうのか。南壮一郎の意志の強さが、今は田澤の思い描く「攻める広報」に対する壁として立ちふさがっている。

これはなかなか手強そうだ、と田澤玲子は考えていた。

## 平行線を辿る議論──「1億円の宣伝効果」をめぐって

一方、南は南で、田澤玲子のことを手強そうな相手だと思っていた。

南自身も、人からポジティブだと言われることは多い。しかしどうやら、根っからのポジティブさでは田澤のほうがはるかに上のようであった。

エスニックなナチュラル志向というのだろうか。南国を思わせるアースカラーのワンピース姿からは、ダンスでも踊り出しそうなエネルギーが伝わってくる。そのくせ強引な印象はなく、あくまでナチュラルで前向きに、自分の信じることを語っている。簡単に提案を引っ込めないのは、専門分野の知識と経験を背景に、よかれと思って話してくれているからなのだろう。

「南さんたちがやろうとしていることは日本で前例がないし、メディアは絶対に取り上げたいと思うはずです。記者発表会をやる価値はありますよ！」

佐藤からは、広報のプロフェッショナルだと紹介された。専門家の視点から広報について教えてくれるなら、今後の参考として話を聞いておこうというくらいのつもりでいた。しかし田澤は、ただ話をしに来ただけではなかった。

「どのくらいの価値かといいますと、この件で普通に記者発表会を開けば、まずメディアは20から30人くらいは取材に来てくれるはずです。そこから生まれる記事の長さや放送される秒数を想定すれば、広告費換算で1億円以上の効果があります。さっき南さんは、記者発表会なんて大企業のすることとおっしゃいましたが、むしろ資金の少ないベンチャー企業だからこそ、宣伝費をかけずに広報活動するべきですよね？　記者発表会を開くわずかな経費だけで1億円以上の宣伝効果が望めるなら、サービス開始という一度しかないこのチャンスを見過ごすのはもったいないです」

田澤は今、南の心を動かそうとしていた。まっすぐな視線と明るい笑顔でもって、ビズリーチの代表である自分に意思決定を求めているのである。そのポジティブなパワーに、南のほうが圧倒されそうな気分だった。

しかし、田澤にばかり一方的に語らせておくわけにはいかない。南も負けずに反論し始めた。

「1億円以上の宣伝効果っていっても、それはうまくいったらっていう希望的観測としての話ですよね。記者発表会を開いても、名もないベンチャー企業が立ち上げた初めてのサービスに、記者が20人以上集まったという話は聞いたことがありません。大企業の子会社ならわかりますが、ベンチャー企業では前例なんてないでしょう?」

記者発表会なんて大企業のすることだ、というのは、南の経験から来る実感だった。楽天イーグルス時代、メディアの耳目を集める策を講じるのがどれだけ難しいか、嫌というほど味わったのだ。

プロ野球という、先人たちが人気と伝統を築いてきた世界において、それも「新設球団」という大看板を背負った球団ですらそうだったのである。何の実績も後ろ盾もないビズリーチが開く記者発表会に人が集まるとは、南にはとても思えないのだった。

第一、まだビズリーチのサービスはまったくできあがっていない。肝心のサイトはいつオープンできるかもわからないような状況だ。システム構築に忙殺されている中で、記者発表会など開くことを検討している場合ではないだろうという気持ちもあった。

しかし田澤は、あくまでもポジティブだった。

「大丈夫、きっとメディアは集まるし、ビズリーチのことを取り上げてくれますよ。今は希望的観測かもしれませんが、それが実現するような記者発表会の形を考えて実行すればいいんです。そうすれば希望の数字が本当の数字に変わります。ビズリーチと南さんにはそのポテンシャルがあると思いますよ。それに私はこれまでたくさんの企業を見てきたので、お話を伺えば、メディアがたくさん来るかどうか、わかるんです」

「そうは言っても、具体的にはどうやったらそんなことができるんですか？」

「まずはサービスの本質的な価値をわかりやすく説明して、日本で前例がないことと、アメリカでは大きな成果をあげていることを強調するんです。南さんっていうスポークスパーソンの口から、時流に合わせて、不況の今、なぜこのサービスを立ち上げたのかを語るだけでも、ニュース価値は十分にありますよ！」

そう言われても、いったん自分で「ない」と思ったものに対して、南の心はそう簡単には動かない。ビズリーチのサービスの概要の説明なんて、南はこれまで何百人もの相手に語ってきたのだ。なのに理解し賛同してくれた仲間といえば、今のところ佐藤と永田だけだ。他の大勢の人間が示してきた、否定や無関心の態度の蓄積が南の中の不安につながっていたのだ。

田澤のポジティブで情熱的な語り口を聞いているうちに、ひょっとしたらという気持ちも確かに湧いてくる。しかしかつての楽天イーグルスでの経験、そして今も続いているビズリーチ立ち上げの苦労が、南を懐疑的にしていた。無名のベンチャーの記者発表会に、メディアが興味を持ってくれるはずがないという思いが払拭できず、不安だからやめておこうという結論に行きついてしまうのである。

そんな南の内心がわかっているのかいないのか、田澤はニッコリと笑いながらあくまで前向きな信念とともに告げてくる。

「記者発表会、やったほうがいいですよ! 本当にいいものなら広く知らせるべきです!」

田澤と南、それぞれの思惑は平行線を辿ったままだった。

## カギを握るのは誰だ?

事態を動かしたのは、ビズリーチに加わったばかりの永田信だった。

永田はその日、夜になってからビズリーチのオフィスに向かっていた。本業の業務を終えた後の、草ベンチャーでのビズリーチ参加である。

入り口の扉を開けると、デスクで南が女性と向かい合っているのが見えた。

その女性が振り向いた。——南と語り合っていた田澤玲子が、永田のほうに顔を向けたのである。

次の瞬間、彼女が目を見開いた。

「永田さん！　どうしてここに？」

立ち上がり、まじまじと永田を見つめてくる。永田も驚いて声をあげた。

「あれっ、玲子!?」

そこにいたのは、永田もよく知っている顔だった。実に2年ぶりの再会である。

ここで永田と会うとは思ってもみなかったのだろう。田澤玲子は驚きで立ちつくしていたし、南や佐藤はそんな田澤の反応に驚いている。

どうしてここに、という言葉は、永田からも田澤に尋ねたいくらいだったが、驚いている三人の姿を見ていたら、どういう事情か察しがついた。

「和男さんが敏腕広報ウーマンを連れてくるって話は聞いてたけど、玲子のことだったのか！」

これは嬉しい驚きだった。永田信と田澤玲子は、かつて同じ会社で一緒に働いていたのである。田澤がそこを退社する際、永田は笑顔で田澤に「どこかでまた会おう！」と告げたのだが、その再会が果たされたのだ。

永田はかいつまんで事情を説明しつつ、南の隣の席に座った。永田と田澤が旧知の仲だったことで、南も佐藤も笑顔になっていた。

「そんな偶然もあるんですね」

佐藤和男が口を開いた。永田と向かい合って座る形になったせいか、今度は佐藤のほうから、南と田澤の間でどんな話になっていたかを説明してくれた。

永田はひと通り聞いてから口を開いた。

「なるほどね。玲子はビズリーチのサービスを世の中に広めたほうがいいと思ってて、そのためには記者発表会が一番だって言いたいわけだね。でも南さんは、ビズリーチみたいなベンチャー企業が記者発表会を開いたって、メディアは集まってくれないって思ってると」

田澤も南も、勢いよくうなずいた。ややあって、佐藤も静かにうなずいた。

どうやら、田澤の提案を南が拒んでいるところだったらしい。言い争いにならなかったのは、二人が初対面だったことと、佐藤が静かに二人のやりとりを見守っていたからだろうか。そこに永田がやってきたものだから、三人から話の調停役を期待される格好になっているようだった。

「私の意見を言わせてもらえば」

永田はその場で考えをまとめた。この場でどんな発言をするべきか、思考ゲームを楽しむような気分を味わってもいた。

もともと永田は、論理的思考で問題を解決していくゲームが嫌いではない。おまけにこの場では、切り札を持っているのは自分だと確信することができた。そうであれば、その切り札を最大限に有効に使えるように話を持っていけばいい。

「まず記者発表会については、ひとまず南さんに賛成だな。やるからには爆発的な反響を期待するものでないといけないし、単純に記者会見をやってもメディアが来るものではないという判断は正しいと思う」

南が、我が意を得たりとうなずいた。しかし永田は、彼にしゃべる隙を与えなかった。

「ただし、それは玲子の提案自体を拒むってことじゃない。むしろその反対で、ビズリーチの広報に関しては、玲子の直感を信用して、メディアがより集まる方法を一緒に考えるべきだと思う」

また南が何か言おうとしたが、永田はそれを手で制した。

「どうして玲子を信用するべきか、ちゃんと理由があるんだ。前に南さんは、マッチ・ドットコムの日本版が成功した理由を知りたがってたよね？」

南と佐藤が不思議そうな顔をしつつも、揃ってうなずいた。ビズリーチが手本にしたいのはアメリカのラダーズで、そのラダーズがベンチマークにしたのがマッチ・ドットコムだったのだ。日本でのマッチ・ドットコムの成功事例の中に、今後ビズリーチが成功するためのヒントがあるといってもいい。

そして永田に言わせれば、ここにいる田澤玲子こそがその鍵を握っている人物なのだった。

「南さんも和男さんも知らないみたいだけど、玲子はマッチ・ドットコム日本法人の三人目の社員だったんだよ。私と一緒に日本支社の立ち上げに関わって、会員数が84万人を超えるまでのプロセスを後押ししていたんだよ」

「えっ……」

南も佐藤も、咄嗟に言葉が出てこないようだった。どうやら永田の切り札は効果を発揮したようだ。

これまでの三人の会話の中で、マッチ・ドットコムの話題は出なかったのだろう。佐藤と田澤は朝活セミナーを通して知り合っただけだというし、南と田澤は初対面、田澤はビズリーチの構想について知って間もないというから、マッチ・ドットコムまで話が及んでいなかったのだ。

しかしその企業名こそが、ここでデスクを囲む四人の接点だった。四人を結びつけるキーワード、と言ってもいいかもしれない。

さっき佐藤は、「そんな偶然もあるんだね」と言っていた。しかし永田には、これも起こるべくして起こった必然の出会いのように感じられた。

「マッチ・ドットコムが会員数を爆発的に増やしていく間、広報を受け持ってたのが玲子なんだ。当時のマッチ・ドットコムの日本支社における最低人員構成である四人のうちの一人が広報で、スタートアップ企業における広報の重要性はマッチ・ドットコムの本社が認めていることだしね。その経験とノウハウから来る提案は、間違いなくビズリーチの力になるはずだよ。彼女が優秀な広報だってことは、私が絶対的に保証する」

永田はきっぱりと断言した。その言葉には、南の心も動いたようだった。

## 仲間を信じ、決断するということ

そして南は、決断を迫られているのを感じていた。

永田信による絶対保証。これは南にとって大きな意味を持っていた。南も佐藤も永田を絶対的に信用しているし、その永田が保証するということは、南も田澤玲子を信用すべきということなのだ。

正直にいえば、今のビズリーチは記者発表会なんて開いている場合ではないという思いは消えていない。しかしそれは南の意見にすぎないし、一人の意見に固執すべきときではないのもわかっていた。

佐藤和男は、ビズリーチのためになるはずだと田澤玲子を連れてきてくれた。

田澤玲子は、ビズリーチのことを思って広報の専門家として提案をしてくれた。

永田信は、田澤の提案はビズリーチの力になるはずだと保証してくれた。

三人それぞれの想いが、「ビズリーチのために」という一点で重なっているのだ。そんな想いを前に、代表である南が尻込みしているわけにはいかない。ここで自分の心のリミッターを取り外し、みんなの想いを受け止めるのが代表としての役割なんじゃないか――そう思った。

かつて佐藤は、南に向かって「ひとりよがりで決めちゃダメだ」と教えてくれた。

そして永田は、南に対して「広告塔の役割を期待している」と告げてくれた。

そうして今度は、田澤が現れた。そして広報について提言してくれた。

この状況はまさに、人が集まって広告塔としてやるべきことを教えてくれているともいえる。ここで南がやるべきことは、ひとりよがりの結論を出すことではない。

今の状況と田澤の提案を踏まえて結論を出すべきときだった。目の前の田澤玲子のように、ポジティブで前向きな結論を。

佐藤の推薦や永田の保証を抜きにしても、南がこれまで話しただけでも、田澤には信頼に足る能力があるのが直感的にわかった。彼女には、そのポジティブで情熱的な語り口から、人の頭の中に鮮明な映像を浮かばせる力がある。それは広報における強い武器ともなるのだろうし、目標に向かって仲間をまとめる際の羅針盤にもなってくれることだろう。

今の南も、その羅針盤に従ってビズリーチという船の進路を決めるべきだった。船があり、旗印があり、乗組員も揃ってきたのだ。船長の仕事は、船の舵をとることである。

「わかりました。記者発表会の開催を、この先の目標として位置づけることにしよう」

南は言った。今現在も悪戦苦闘しているシステム開発と同じく、記者発表会についても達成すべき課題として取り組もうと決めたのだ。

「ただし、ただ普通の記者発表を行うってことだけじゃ弱いと思う。絶対にメディアが集まる策を立てるっていうのを条件にしたい。必ず大勢の記者が集まって、その報道が爆発的な反響を生むような、そういう記者発表会の形を一緒に考えていきましょう」

それぞれの意見のいいところを集めたような言い方になったが、それでもいいと思えた。そんな目標の立て方自体が、仲間が仲間を呼んで未知の要素を吸収して成長していく、自分の理想とするビズリーチの姿と重なる。様々な要素を含んでいることが、ビズリーチの力になってくれることだろう。

そして南は、あらためて田澤に向かって言葉をかけた。

「玲子さん、僕らは広報については素人です。ビズリーチには広報のプロがいないので、是非一緒にやってほしい。これから広報関係で困ったときには、いろいろ教えてくださ い」

「はい、喜んで」

田澤はにっこりと笑って答えてくれた。そんな彼女に、南は右手を差し出した。

「ありがとう。じゃあ、いつから来られますか?」

「えっ？」

一瞬、田澤が戸惑いの表情を浮かべた。だけどすぐに笑顔に戻り、南の差し出した右手を強く握り返してくれた。

「絶対メディアにも注目されるような記者発表にしましょう。一緒にがんばっていきましょう！」

田澤玲子がビズリーチに加わったのは、その握手の瞬間だったのかもしれない。

## 四人目の仲間──「超ポジティブな広報のプロ」田澤玲子

しかし実のところ、当の田澤はその瞬間まで、ビズリーチの一員に加わるつもりなどまったくなかったのだった。

南壮一郎に会いに来たのは、あくまで記者発表会の提案をするためだ。ただ「攻める広報」の観点からアドバイスをしたかっただけで、ビズリーチの仲間に入れてほしいと頼みにきたわけではない。広報禁止令が出ているとはいえ、ちゃんと勤め先もある身だから、ビズリーチに転職したいなどとはまったくもって考えてもみなかった。

なのに南は、すっかり勘違いしているようだった。彼がごく自然に手を差し伸べてきたものだから、田澤もつい勢いで握手してしまった。

南から「困ったときには、いろいろ教えてください」などと言われたのも大きかった。田澤は昔から、困っていると言われると放っておけない性格なのだ。南という男にも、ビズリーチという会社にも、どこか放っておけないと思わせるものがあった。

きっと南にとって、「一緒にやる」という言葉は「仲間になる」という言葉と同じ重さを持っているのだろう。提案をすぐには受け入れなかったのも、そのことの重さがわかっていたからなのかもしれない。受け入れるときには全力で受け入れるということなのだろうか。

そんな彼と握手したということは、ビズリーチの仲間になったということを意味するようだった。つい勢いで握手した自分は、知らないうちに巻き込まれてしまったようなものだ。

それでも田澤は、不思議と嫌な気分ではない自分に気づいていた。たった一つのデスクしかないベンチャー企業なのに、転職サイトを運営するはずがシステム開発さえできていない状態だというのに、ここに集まったメンバーに頼もしささえ感じている。

「玲子さん、最初にお伝えしておかなきゃならないんだけど、今のビズリーチの財政状況だと、まともに給料を支払うこともできないんです」

南が言った。資金が潤沢なわけではなく、収入の手段も完成しておらず、南が他の企業のコンサルティングで得る収入で運営している状態だと打ち明けてくれた。

「実は永田さんにも、『草ベンチャー』って形で参加してもらっています。平日の昼間は本業を持ちながら、夜と週末の時間だけビズリーチの仕事に協力してもらってるんです」

永田が黙ってうなずいている。マッチ・ドットコムで永田の能力の高さに触れていた田澤にしてみれば、マッチ・ドットコム社内ではガラス張りの個室を持っていた彼が無給で働いているというだけでも信じられない話だった。

しかしその驚きは、そのままビズリーチの持っている可能性を意味する。田澤が頼もしいと思えるのも、そうした可能性の大きさとそこに集まった仲間の存在だったのかもしれない。

「玲子さんも、草ベンチャーの形で手伝ってもらえますか？」

南が、あらためて問いかけてきた。田澤に断る理由はなかった。

「はい、喜んで」

もう一度答えた。今度は勢いで答えたのではない。ちゃんと自分の意志で決めたことだった。

「ありがとう。一緒に歴史を創りましょう！」

南が言った。今度は田澤のほうから、握手の手を差し伸べた。

# Lesson4

# 仲間の言葉を信じる
# ――なぜ、仲間の存在が自分の成長につながるのか?

## ▼まずは、仲間の言葉を信じること

最後は自分が決めればいい――。

ビズリーチを始めてからこの頃まで、僕は当たり前のようにこう考えていたように思う。

そんなひとりよがりとも言える姿勢が最も表れてしまったのが、田澤と出会ったシーンだろう。

「立ち上げたばかりのベンチャーが記者発表会をやっても、メディアなんて来ない」

「記者発表会なんて、大企業がやるもので、その大企業ですら苦労しているのに」

楽天イーグルス時代、スタジアムを活用したイベントを企画運営したり、新しいキャラクターなど話題そのものを作ったりと、集客やマーケティングに関わる仕事に携わっていた。そのためだろうか。当時の苦労した体験にとらわれ、記者発表会というアイデアだけではなく、広報全般に対して疑心暗鬼となり、一切受け入れようとしなかった。むしろ、「僕が必要ないと言っているのに、なんで佐藤は田澤を連れてきたんだろう」などと思っていたほどだ。

だが、その姿勢は仲間と事業を創っていくにあたって、まったく間違った考え方だ。ビズリーチという、最初は一人ぼっちで始めた事業を、みんなが信じてくれている。佐藤も永田も、そして初対面である田澤――仲間である佐藤が「この人はすごい」と思って連れてきてくれた――までが、「自分のため」ではなく「事業のため」に考え、意見を言ってくれている。

そう気づいた瞬間、仲間の言葉を自分が信じられずに、一緒に事業を創ることなんてできない、そう悟ったのだ。

## ▼仲間の言葉が、リミッターを外してくれる

仲間の言葉を受け入れることは、僕に大きな変化をもたらしてくれた。

簡単に言うと、自分の「リミッター」がどんどん外れていく、ということだ。「広報なんて必要ない」「記者会見は大企業がやるもの」といった「できない理由」ばかりの思い込みを、田澤の言葉は打ち払ってくれた。もちろん、この時点ではまだまだ不安だらけだったが、まずは信じてやってみることで、自分を支配する固定概念を徐々に振り払うことができた。

たいていの場合、「限界」は知らず知らずのうちに自分で勝手に作ってしまっているもの。仲間が真摯に語りかけてくれる言葉の中には、自分の限界を突破するため

のヒントがあるのだ。

そして自分の思い込みを捨て、見えざるリミッターを外し、仲間の期待に応えるために邁進することで、仲間との結びつきは強くなり、信頼の上昇スパイラルが巻き起こるのだ。

田澤から学んだことは、他にもある。

それは、「あきらめない」という言葉の本当の意味だ。

「あきらめなければ失敗はない」を地で行く彼女は、どんなことがあっても「しつこく」提案し続ける（ちなみに、今でもかなりしつこい）。だがそれは、相手にとっていいと思ったものは、絶対にいいと本当に信じているからできることである。そして相手に届くまで、ありとあらゆる解決策を相手にぶつけてトライする。

なにせこの章で描かれた当時、僕とは初対面だし、経済的なメリットがあったわけでもない。普通だったら簡単に引き下がる場面かもしれない。それでもあきらめなかった彼女の真摯な言葉があったからこそ、僕は仲間の言葉の「重み」に気づけたのだ。

## ▼次につなげる魔法の言葉「一緒に○○しましょう」

最後に、田澤に語った「一緒に○○しましょう」という言葉について説明しておきたい。

「この人は！」という人に出会えて、その場がいい雰囲気だったとしても、次のステップがなければ、せっかくのいい関係性もそこで終わってしまう、ということはないだろうか。実は僕自身、昔は次につなげられないことがとても多かった。「これからもよろしく！」という気持ちを素直に伝えるためには、どうすればいいのだろうか……。

そんなときに出会ったのが、この「一緒に○○しましょう」というフレーズ。いつもその場限りで終わってしまう「もったいない状況」を、こちらから簡単な「きっかけ」を提案することで解消するのだ。

「友達を集めて一緒に勉強会をしませんか？」

「今度近くまで行くので、ランチを一緒にいかがですか？」

「今度、会社へ遊びにいってもいいですか？（もしくは、会社に来ませんか？）」

やはり最もハードルが低いのは、自分から相手がいるところに行く、というものだ。それならば相手にとってもハードルが低く、受け入れやすい。こうしたすぐに行動に移しやすい約束を交わすことで、相手とのさらなる関係性を生み出すための「接点」や「きっかけ」もどんどん増やすことができるのだ。

### 仲間づくりのステップ〈4〉

## 仲間の言葉を信じて、限界を超える

◎周りにいる仲間の言葉を、聞き逃していないだろうか？　そこには自分が成長するヒントも、チームの問題を解決するヒントもある可能性がある。自分の思い込みで拒絶するのではなく、まずはオープンマインドで受け止めよう。

◎仲間が新しい仲間を連れてきてくれることもある。まずは耳を傾けて、その言葉を信じてみよう。自分が信頼した仲間が信頼しているのなら、そこには必ず理由があるはずだ。

◎もし、どうしても誘いたい仲間がいるのなら、「一緒に〜しましょう」という魔法の言葉を使って、自分から接点やきっかけを増やしてみよう。

# 第 5 章

# 崩壊寸前のベンチャーを救える最強の仲間

——「できないこと」を認めたとき、
仲間からの「信頼」が生まれる

## 「30点」のシステムと、リーマン・ショック

ほぼ同時期に永田信と田澤玲子という仲間が加わったことで、南は大いに勇気づけられた。相変わらずシステム開発に苦労してはいたものの、困難に挑む力が増したのだ。ビズリーチも窮状を切り抜けて前進できるかに思えた。

佐藤は学生インターンたちとともに1000を優に超えるバグに立ち向かっていた。それは不具合を見つけては、一つひとつ直していく地道で骨の折れる作業である。その作業と同時進行で、ビズリーチのサービスの根本ともいうべき企業の採用情報の収集を続け、数万社のリストを独自に作っていた。

草ベンチャー参加の田澤は、攻める広報のための準備にとりかかっていた。ビズリーチのサービス開始に合わせて記者発表会を開くことを想定し、その具体策を練っていたのだ。南から言われた、「メディアが集まる策」「必ず大勢の記者が集まって爆発的な反響を生むような記者発表会」について考え、準備を進めることが田澤にとっての課題になっていた。

同じく草ベンチャー参加の永田は、とにかくサービス開始を急ぐべきだと考えていた。円滑なサイト運営のためにはデバッグ作業も大事だが、運用を開始しなければ何も動き出さない。まずは今の停滞状況を抜けるのが先決で、不具合については運用しながら直していくべきだというのが永田の意見だった。

最低限のサービスから始めて顧客の反応を見ながら、それに応じて修正していくというサイクルを繰り返すという、リーンスタートアップという概念である。その考え方は南がよく言う、70点主義とも重なることだった。100点満点になるのを待つあまり動けずにいるより、たとえ70点であっても動き出すことで得るものがある。この手法で起業や新規事業の成功率が飛躍的に高まるということは、アメリカで実証されつつあった。

しかし、この時点での開発状況を70点とすることに異を唱える者がいた。かつて南がスカウトしたエンジニア、園田剛史である。ビズリーチへの加入は再三断っていたが、週末のミーティングには時々顔を出していた。その彼が、できあがりつつあるサイトを隅々まで調べ、南に向かってこう言ったのだ。

「70点どころか、このままじゃせいぜい30点ですね」

厳しい言葉だったが、南はその判断を受け止めた。

園田はプロのエンジニアであり、個人で開発したネットサービスも運用して軌道に乗せた経験を持っている。その彼から30点と断じられた以上、サイトの運用開始に踏みきるのは早計だと思えた。

永田からは運用開始を急かされていたし、佐藤はそのためにがんばっている。だがそれでも、今はまだビズリーチという種にエネルギーを蓄える時期だと思われた。やがて種が芽吹くときのため、今は仲間とともに地道な努力を続けていこうと決めた。

しかし、そんな努力の前にさらなる困難が待ちうけていた。せっかく種に力を蓄えているのに、それを吹き飛ばすような嵐が吹き荒れたのだ。

2008年9月15日、リーマン・ショックの発生だった。

## 「このまま沈むのか、世に出したいのか？」——どん底で投げかけられた仲間からの問い

アメリカの投資銀行の破綻に端を発した世界的金融危機。

それは、金融市場にあるとされていた莫大な金がある日いきなり消えたということだった。人体にたとえるなら、ある日いきなり血液の何%かが消えたようなものである。そうなれば当然、体力のない者は貧血を起こしたり、行動が鈍くなったりする。経済でいえば、株価は暴落し、経済活動が鈍って企業を動かす資金が枯渇していくということである。

金融危機の波は日本にも押し寄せた。リーマン・ショック前には1万2000円台だった日経平均株価は9月中から大暴落を始め、10月中に6000円台にまで落ち込んだ。ビズリーチが居候していた開発会社も無関係ではいられず、経営が苦しくなっていく中でビズリーチからの依頼が後回しにされるようになった。

結果、ただでさえ遅れていたシステム開発は完成の目処さえ立たなくなる。それどころ

か、オフィスに居候させてもらっていること自体を考え直す必要が出てきた。どこも苦しい状況で、いつまでも他社の厚意に甘えているわけにはいかない。それは誰の目にも明らかだった。

それをはっきり言葉にしたのは永田だった。仲間になったばかりだからこそ、ビズリーチの置かれた状況を客観的に見ることができた。

「南さん、これ以上ここに居候してたら間違いなくビズリーチはダメになります。自分たちだけでやりましょう」

問題はリーマン・ショックの影響だけではない。永田には、今の停滞状況の原因が見えていた。

厚意に甘えてオフィスを間借りしている相手にシステム開発まで頼み、その進捗の遅さからサービス開始に踏みきれずにいるのだ。リーマン・ショックという外的な大打撃を乗りきるには、ビズリーチの抱える内的問題を解消すべきだと思えた。

「だけど、ここを出たって、新しくオフィスを借りるお金なんて……」

いつも強気な南が、珍しく弱音を吐いた。新たな仲間を得て、さあこれからだと思えた矢先のリーマン・ショックだったのだ。先の見通しが立たない状況に、すっかり弱気になっているのが永田にも伝わってきた。

システム開発がうまくいかないことを、南は自分たちの問題と捉えていたのだろう。それは努力と工夫次第でなんとかなると考えていたはずだ。しかし金融恐慌の波ばかりは、自分たちの力だけでどうなるものではない。その荒波の中でオフィスまで失うというのは、ビズリーチという船そのものが嵐にのまれるように感じられるはずだ。

しかし永田は、ここで南に優しい言葉をかけようとは思わなかった。反対に、弱りきった南に向かってあえて厳しい質問をぶつけた。

「南さん、このまま沈んでいきたいのか、このサービスを世に出したいのか、どっちなんですか？」

その問いかけに、南がふっと真顔になった。

## 「自分は起業に向いていなかったんだ……」

永田からの問いかけは、迷っていた南に決断を促した。

「このまま沈んでいくのか」と「このサービスを世に出したいのか」のどちらかを選ぶとなったら答えは一つしかない。

「答えは、決まってるじゃないですか」

このまま沈んでいきたいわけがない。あえて強気に答えてみせたのは、南の精一杯の意地だった。

永田は黙っている。その沈黙は、世に出したいならどうすべきかと南に問い質している。今は南の口から決断を言葉にすべきときだった。

「わかりました。これが最後のトライだと思うので、退路を断って攻めましょう」

まずは居候状態だったオフィスを出る。そうすべきなのは、南にもわかっていた。ビズリーチの仲間になると決めてくれたとき、永田が自分に求めた役割の一つは「金集め」だったのだ。これから新規事業を動かす大きな資本を集めることを思えば、新たなオフィスを構える資金なんて微々たるものだ。そのくらい、なんとかして捻り出すしかない。

早速オフィス探しにとりかかり、どうにか手の出せる物件を渋谷に見つけた。古いマンションを改造したマンションオフィスで、わずか11坪のワンルームを無理やりオフィス空間にしたような部屋だったが、それが新たな航海に乗り出す船だ。その船でリーマン・ショックという嵐に挑むつもりだった。

そしてシステム開発に関しては、新たな体制でのぞむことにした。

佐藤や永田とともにこれまで通りの作業を進めつつ、未完成だが、これまで作り上げてきたシステムの運用も試みることにした。これまでの学生インターン二人に加え、開発会社を手伝っていたフリーのエンジニアが仲間に加わってサイト運営の実験にかかったのである。

心機一転、新しいオフィスで仕切り直したスタートのつもりだった。

しかし結果は惨憺たるものだった。

園田剛史が30点と指摘した通りだった。試験運用の日々の中、これまで作り上げてきたシステムでは、まともに動かないことがはっきりしたのだ。不具合は次々に見つかるのに修正の目処は立たず、不眠不休で働いたあげく、新たに加わったフリーのエンジニアも自分にはできないと告げて去ってしまい、お手上げ状態に陥った。

実験段階でうまく運用できないものを、利用者に課金する転職サイトとして世に出せるわけがない。――ワンルームマンション4階のベランダで、南は深くため息をついた。

もともとは6月リリースの予定だった。それが秋にまでずれ込んだあげく、いまだに試験運用もままならない。様々な新規事業に携わってきた南だが、こんな空気感ではいいサービスは生まれないと感じていた。

オフィスを移って心機一転どころか、ビズリーチの雰囲気は最悪だった。永田に向かって「最後のトライ」とか「退路を断つ」とか大見栄を切ったあげく、状況はさらに悪くなっている。

このままでは前進できない、インターネット事業はこんなにも難しいのか、そもそも自分は起業に向いていなかったのではないか、もうやめようか……。新しいオフィスの中で、ネガティブな考えばかりが南の頭をよぎっていた。

## 一番優秀なエンジニアを――残された最後の手段

憔悴しきった南に、それでも永田は告げた。

「まずはサイトの運用を開始してから、っていう意見は変わりません」

不具合があるなら運用しながら直していけばいいというのが永田の意見だったが、今の開発状況は運用開始できるレベルにも達していない。ならばまず、その問題をクリアすればいい。それに必要なのは何かと考えれば、答えは自ずと明らかだった。

「覚えてますか？　私が仲間になるとき、南さんに求めた役割のこと」

「もちろん」南は答えた。「金集めと、人集めと――」

「そうです」永田は途中で遮った。「今度は人集めの約束を果たしてください。優秀なエンジニアを口説いて仲間に入れるんです」

最低限のサービスから始め、顧客の反応に応じて修正していくというリーンスタートアップ。その最低限のレベルに到達できない大きな原因が、ビズリーチの中にエンジニアがいないことなのは明らかだ。ならばその問題を解決するのが先決。――永田は論理的にそう考え、問題解決に至る行動を南に求めた。

永田の加入前、仲間に加わってくれるエンジニアを見つけられず、南と佐藤はシステム開発を外注に出すことを決断したという。しかし今の状況から振り返れば、その決断が間違っていたといわざるを得ない。どん底状態から脱するにはその間違いを正すことから始めるべきで、それができるのはビズリーチの社長である南壮一郎だけだった。

そのことは、南も頭ではわかっているようだった。しかしそれを実行することの難しさを誰よりも体験してきたのも南だった。

「永田さんの言ってることはわかりますよ。だけど、エンジニアが必要だっていっても、実際問題として見つからないんです。僕はこれまで、100人以上のエンジニアに会ってきたけど、その全員に断られて——」

「それはわかってます。ただ断られたことはいったん忘れましょう」

100人以上に断られてきた話なら、永田だって何度も聞いている。しかしそれを前提にしてしまっては問題解決のための行動を起こせない。状況を打開するには違った角度から考えてみるべきだと思った。

「その100人の中で、一番優秀なエンジニアは誰ですか?」

永田は尋ねた。今にも沈みそうなビズリーチを立て直すのに必要なのは優秀なエンジニアである。そんな状況だからこそ、断るか引き受けるかを抜きにして、一番優秀なエンジニアを想定してみればいい。

「誰が一番優秀かって考えたら、竹内真《たけうちしん》さんです」

南は即答した。１００人以上のエンジニアの中で一人を選ぶのに、迷いなど一切見せなかった。

きっとそれが、竹内というエンジニアの優秀さを物語っているのだろう。その優秀さを力にできるなら、まだ可能性はあるということだ。

南に向かって、永田は強い口調で告げた。

「だったら話は簡単です。どんな手段でもいいから、その竹内さんを口説いて仲間に引き入れてください！」

強引な理屈なのは、言っている永田自身もわかっていた。「話は簡単」なのではない。たった今、「話を簡単にした」のである。

そして強引に簡単にした話を実現できるかどうかは、南にかかっている。今まで会った中で一番優秀なエンジニアを仲間にできるかどうか、永田はあらためて南壮一郎の力量を見定めようと思っていた。

しかし今度は、面接のときとは微妙に違う気持ちだった。理詰めで考え、冷静に判断しているつもりではいたが、永田の中にそれだけでは割りきれない感情が芽生え始めていた。南を試しているというより、心の奥で自分が信じた南に期待していたのだ。

一番優秀なエンジニアを引き入れる。――口で言うのは簡単だが、そう簡単に実現できることではない。ネット業界が長い永田だからこそ、その難しさは理解していた。しかし南だったら、なんとかしてくれるのではないかと期待していた。

## 似ているようで、どこか違う男

一番優秀なエンジニアは誰か。

そんな質問を、かつて南自身もしたことがあった。半年ほど前、まだシステム開発にはとりかかっておらず、ビズリーチを一緒に創ってくれるエンジニア探しに奔走していた頃である。

南は、とある異業種交流会で、リクルートで外注のシステムエンジニアを束ねる部署のマネジャーをしている鬼石真裕《おにいしまさひろ》という男と出会った。何十人ものプロのエンジニアに接している鬼石に、南は知っている中で一番優秀なエンジニアは誰かと尋ねてみたのだ。

そこで挙がった名前が竹内真だった。南は是非その人を紹介してくれと頼み、実際に会わせてもらったのである。

新橋のリクルートビルにほど近い、洒落たバーで会うことになったのだが、話をしてみると、竹内はどこか南自身と似ている男だった。考え方や発想の仕方など、行動の原理に共通点が多いのだ。後になって、竹内のほうでも南について、「同類すぎて気持ち悪い」と言っていたのを知った。

違っている点といえば、南は全力で思いを外にぶつけまくるのに対し、竹内は自分の思いを抑えて、淡々と物事を進めるところだろうか。営業など顧客に会いに行く仕事が多い南は基本的にスーツが多いが、竹内はカジュアルを着こなすことにこだわるタイプだった。スポーツをバックグラウンドにしている南に対し、竹内はもともとシンガーソングライターとして音楽活動をしていた。似ている点は妙に似ていて、違う点では正反対というタイプだったのである。

そんな竹内は当時、フリーエンジニアとしてリクルートの発注する高度な仕事をこなしつつ、その活動を発展させたメディア特化型の制作会社を立ち上げたばかりだった。何かと忙しい立場だったから、立ち上げ間もないビズリーチに加わってくれるわけもない。おまけに竹内のほうでは南に対してあまりいい印象を抱いていないとも感じられた。

南としても、学校で同じクラスにいたら同じグループにはなっていなかったな、と思っていた。多くのエンジニアに断られ続ける中で、自分はエンジニアとは相性が悪いのではないかと疑い始めていたし、うまくコミュニケーションしにくいという苦手意識も抱いていた。結局、竹内に対しては、その場でしつこく食い下がってまで仲間に引き込むことはなかったのである。

それでも、なんとかアドバイザー的な立場で構わないのでビズリーチに関わってほしいと拝み倒していた。というのも、システム開発について何もわからない南でさえも、竹内からは強烈な何かを感じ取れたからだ。これまで会ってきたエンジニアの中でも竹内の存在感は圧倒的であり、そのままあきらめることはできなかった。竹内はアドバイザーという言葉で納得してくれて、月に一回くらいならミーティングに顔を出すということになった。以降、つかず離れずという距離感で接してきた相手だったのである。

そんな相手のことを、永田はどんな手段でもいいから口説いて仲間に引き込めという。それができたら一番いいということは、南にもわかっていた。

携帯電話を取り出した。かけた相手はもちろん、「一番優秀なエンジニア」竹内真である。

もともとワンルームマンションだったオフィスなので、電話をするための場所などはない。落ち着いて話をするために、南はベランダに出た。

日は暮れかかり、夜にさしかかる時間帯だった。渋谷の狭い空を見上げ、南は心を決めた。

もう苦手意識などとは言っていられない。体裁をつくろっている場合でもない。土下座でも何でもしてもいいとも思っていた。彼に断られたら、ビズリーチをやめようとまで思っていた。

竹内が加わってくれたら、何かが起こる、何かが変わる。――そう信じることだけが、南の最後の希望だった。

## 初めて弱い自分をさらけ出した銀座の夜

２００８年11月25日。

二人は竹内真の職場の近くで待ち合わせた。新橋のリクルートビルの裏にある、庶民的な寿司屋である。

そこに現れた南を見て、竹内真は驚いた。

前に会ったときの南とは印象がまるで違ったのだ。いつもの笑顔はなく、体全体から疲弊感がにじみ出ている。

もともと、南と自分とは近い感性を持っていると思っていた。だから直感的に理解できる部分もある。南の中に、頭の切れるエリートビジネスマンという顔と、お調子者の少年という顔があるというのもそんな理解の一端だ。

しかし今の彼の顔には、悲壮ともとれる決意の表情が浮かんでいた。お調子者の少年は疲れきり、落胆の中でエリートビジネスマンとしての自信さえぐらついているようだ。

電話で、会って話したいと言われた時点で、何かしらの頼みがあるのだろうとは察しがついていた。だがこうして本人を目にした途端、竹内はもう一歩先まで見抜いていた。

——やはり、失敗してしまったか。

最初に紹介されたときから、南という男にはどこか危うい面があると思えたし、内心で反発をおぼえたところもあった。ビズリーチに加入はせずにアドバイザーにとどまったのは、そんな南に使われるのが嫌だったという理由も大きかったのだ。そうやって距離をとってきたおかげで、インターネットビジネスとしてのビズリーチを客観的に見ることができた。

ビズリーチは、ビジネスモデルとしては確かに魅力的だ。南が本気で起業して、業界の常識に挑戦しようとする気持ちもわかる。しかし、お調子者の少年としての南が、勢いだけでことを無謀に進めてきたのなら、壁にぶつかっても不思議はない。——憔悴しきった相手にそこまで告げる気にはならなかったが、竹内真は無言のうちに南壮一郎を冷徹に分析していたのだった。

「竹内さん、ビズリーチは、このままじゃ駄目になりそうです」

しばらくして、南はおもむろにそう切り出した。

「もともと遅れてたサイトのシステム開発が、リーマン・ショックでさらに遅れたんです。なんとか巻き返さなきゃと思って、居候していた事務所を出て、自分たちのオフィスを借りました。背水の陣の覚悟で、最後のトライだと思ってがんばったんですが……結局、これまで半年かけて作ったサイトは、バグだらけでとてもリリースできるような代物じゃなかったんです。このままじゃ遠からず、資金が底をつきます」

南は自分自身の言葉で、今のビズリーチの苦境を語った。永田と田澤は草ベンチャーとして無給で働いてくれているが、常勤メンバーである佐藤には少ないながらもきちんと給料を出している。新しく借りたオフィスの家賃もある。収入の目処が立たない以上、そういう事業資金はすべて南の貯金を切り崩す形でまかなうしかない。その資金だって、いつまでもつことか。

竹内は静かに耳を傾けた。そんな内情まで包み隠さず話してくれることに、南の覚悟が表れているようだった。

「ビズリーチにエンジニアがいないってことが、今になって決定的に響いてます。僕らの仲間に優秀なエンジニアが必要なんだってことを、痛いくらいに感じてるんです。――竹内さん、なんとか僕たちの力になってもらえませんか?」

話の矛先が、ついに竹内に向いた。他にあてはないのかと尋ねると、南はその点にも正直に答えてくれた。

「もちろん今までも、たくさんのエンジニアに会って、手伝ってほしいとお願いしてきました。100人以上は会ったと思います。でも、仲間になってくれるエンジニアはいませんでした。それどころか、罵倒されて出入り禁止になった会合もあるぐらいです」

わざわざ人に話したいようなことではないだろう。しかし南はそれを、あっけらかんと笑い話のように語った。それは南独特の茶目っけでもあるのだろうが、今は必死さの裏返しにしか見えなかった。

「僕には、インターネットのビジネスを推進していくのに必要な能力や専門的なスキルはありません。そのことを、この半年間で嫌というほど理解させられました。今、そんな僕の話を面白いと言って加わってきてくれた仲間がいますが、彼らの力を見ていて、僕一人では何もできないことも痛感しました。仲間に助けてもらわないと、僕は何もやっていけないんです」

南はこれまで溜め込んできた気持ちを、素直に竹内に打ち明けた。

「でもそんな自分ですが、一つだけ約束します。竹内さんには、必ず『南と仕事をしてよかった』と言ってもらえるようにすると約束します。そしてその約束を、僕は全力で守ります」

その後、何度も「お願いします」と繰り返された。自分の想いが伝わるまで、いくらでも話し続けるような勢いだった。

「僕自身、一つだけ自信を持ってることなんです。今まで、どんな状況でも、どんな環境でも、絶対に約束は守ってきました。常に人の期待に応えてきたってことだけは断言できます」

そうやって語っている南の気持ちは、竹内にもよくわかった。自分とよく似た感性を持つ南のことだ、おそらくビズリーチの創業という今回の挑戦についても、「自分ならできる」という強い想いがあったのだろう。しかし実際には、万策尽きてこうして助けを請いに来ている。

こうやって懇願している彼の気持ちを考えると、ここで助けないのは人情にもとるように思えた。同じ感性を持つ人間として、彼の想いに応えないわけにはいかない。

しかし同時に、竹内はこうも考えていた。ここで南の頼みを聞き入れ、「自分ならできる」と答えることは簡単だ。しかしそれでは最初に「自分ならできる」と思い込んでいた南と変わらない。引き受けるのであれば、それ相応の覚悟や先々の見込みを持ってのぞむべきだと思った。

「竹内さん、お願いします。どうか力を貸してください」

南がもう一度頭を下げる。竹内は今の自分にできる精一杯の誠意で答えた。

「南さん、今日はもう遅いから帰りましょう。今後のことは、後でメールしますから」

## 初めて気づいた、「任せる」ということの本当の意味

南と竹内は、銀座駅の改札まで一緒に歩き、そこで別れた。

一人になった南は、オフィスへ戻る地下鉄を待ちながら今夜のことを振り返っていた。

自分の想いは、はたして竹内に伝わったのだろうか。仲間に加わってくれるだろうか。

答えはまだ出ていない。しかし、南は自分の気持ちを洗いざらい正直に話すこともできたし、彼は真剣な眼差しで話を聞いてくれた。あとは、話を正面から受け止めてくれた竹内が、色よい返事をくれることをただ祈るしかない。

これまで100人以上のエンジニアから断られ続け、何も成果がなかったと思っていた。しかし、100人以上のエンジニアと直接会って話してきたことで、今晩、あらためて竹内の素晴らしさを感じることができた。インターネットについては素人同然の南だが、竹内の仕事にのぞむ姿勢を垣間見ることができたのだ。

今夜の彼は、ただ南の話を聞いていただけではなかった。南という人間を分析しているようにも感じたし、ビズリーチのシステム開発という案件について冷静に検討しているようでもあった。あの場で即答しなかったのは、引き受けるかどうかを慎重に見定め、自分がやるならどういう仕事をするかと考えていたからだろう。

そんな彼にならば、ビズリーチの運命を託せると素直に感じた。彼が一番優秀なエンジニアだから、というだけではない。南の頼みを受け止め、戦略的な大きな視点から自らの仕事を考えようとする態度こそが信頼できる。そんな彼の姿勢は、南自身についても省みさせてくれた。

それは、いくら自分一人でがんばっても、突き破れない壁があるということだ。システム開発の行き詰まりで、それを嫌というほど思い知った。同時に、事業の心臓部であるシステム開発を人に任せて失敗したことで、「任せる」ということの本当の意味もわかっていなかったのだと気づかされた。

システム開発を外注に出したとき、南は、人に任せたうえでできてきたものに意見を言えばいいと考えていた。自分でできないなら、人にお願いをすればいい。響きはいいが、問題の本質から逃げる選択肢を取っていたのだ。初期段階で明確なビジョンが描けていなかったから、他人にやらせてから文句をつけるという形になってしまったのだ。何度も仕様を変更して開発を遅らせることになったのも、自分たちが仕事の全貌をうまくイメージできていなかったせいだ。

インターネットを知らないこと以上に、システム開発というものに対する理解がなかった。技術者という生き物への理解も足りなかった。しかも、人任せでありながら、肝心なところで相手を信頼しきっていなかった。そうした問題が積み重なって遅れにつながり、現在の苦境を招いたのだろう。

どこか似たところのある竹内のおかげで、かえって自分との違いが見えてきたのかもしれない。おかげで彼の長所をあらためて認識できたし、自分の至らなさにも気づくことができた。

夜の地下鉄に揺られながら、南はあらためて仲間というものについて考えていた。

頭によぎったのは、小学校から大学まで続けていたサッカーのチームのことだった。

南自身はずっとフォワードしかやってこなかったが、強いチームではミッドフィルダーやディフェンスなど、各ポジションに素晴らしい仲間がいた。そういう仲間同士が、たとえ互いのプレースタイルが違っても、怒鳴り合いながらでも、それぞれの立場から勝利をもぎ取ることに夢中になっているうちに強いチームが生まれていたのだ。

穴だらけで崩壊しかけているビズリーチに必要なのは、背後の防御を任せられるディフェンスのキーマンだ。竹内のような仲間にこそ、そのポジションを担ってほしいと思えた。

もしも今夜、竹内真の心を動かすことができていたのなら——。かつての自分の甘ささえも乗り越えていけるような気がした。

## 任されることへの責任と覚悟はあるか？

南壮一郎の頼みを引き受けるには、それ相応の覚悟が必要だ。

単に「仲間になる」と言えばいいというわけではない。それに伴う責任と果たすべき役割があるはずだ。

竹内真は、その責任と役割について考えていた。南に対して即答せず、後でメールすると告げたのは、そうやって考えをまとめる時間を作るためだった。

今回の依頼をいくつかの要素に分け、その一つひとつを検討していく。ちょうど数学の因数分解のように、複雑な問題であってもなるべく単純化して考えていくのが竹内真のやり方だった。南のビズリーチは複雑に絡み合った要因によって苦境に陥っているが、それも新規事業ならではの苦労や資金の少なさ、外注のシステム開発の難しさやリーマン・ショックという外圧などと、その要因を分解していけば一つひとつについて考えていくことができる。

そして、その状況を踏まえ、自分がシステムエンジニアとしてビズリーチに加わるとしたら。そこにはどんな問題があり、どうやって解決していくことができるのか。

課金型転職サイトというサービスを具体的にイメージすると、それまでに作らなければいけないものが見えてくる。ウェブサイトとして、どれだけの画面数があるのか、データベースの大きさはどれくらいなのか、開発すべきライブラリの量はどれくらいになるのか。

もう一つ考えていたのは、ここからのリカバリーに長く時間をかけてはいけない、ということだ。開発開始から半年以上かけて、まだサービスを開始できていないというのはやはり健全な状況ではない。これまでかけた半年より大幅に短い期間で開発し、一日でも早く公開にこぎつけるのは必須だろう。ビズリーチに加わるということは、この時間的制約を受け入れることにほかならない。

竹内は、そういう要素一つひとつに数字をあてはめ、具体的に見積もっていった。その見積もりから描き出されるシステム開発を、竹内自身がすべてやる場合を想定してみた。

それに対する障害にはどんなものがあるだろうか？　まず、一度失敗しているシステム開発を立て直すことの難しさがある。膨大なバグを内包しているシステムを引き継ぐとしたら、その修復で余計に手間がかかりかねないのだ。なのに開発期限には制約もあるし、その期間だって1日24時間をフル活用できるわけではない。自らの本業をこなしながら、草ベンチャーとしてビズリーチに加わるとしたら時間的制約はさらに厳しくなる。

1日は24時間しかない、というのは、よく竹内が考えることだった。どれだけがんばって成長しようとも、一人で世の中に生み出せるものには限りがある。自分のできる仕事は限られている以上、何かを引き受けるかどうか決めるときには、その制約を踏まえて考えなければならない。

そんな諸条件を鑑みて、はたして自分自身がやりきれるイメージを持つことができるだろうか？

感情的な要素は排除して、具体的な数字だけを並べて計算してみた。――そして出てきたのは、「できる」という答えだった。

南の置かれた苦境や自分を頼ってきた気持ちも勘案し、その責任の大きさを踏まえてみても、それでも「できる」と言いきれた。

そんな見積もりが出たら、次は仕事を引き受けるための環境整備である。この先、南とやっていく中で気がかりな部分をなくすことができれば、今回の依頼に対して自信を持ってOKと返事ができる。

性格的に合うかどうかで一緒に仕事をするかを判断するつもりはなかったが、自分が思っていることを伝えられない相手とは仕事をしても仕方ない。竹内真という人間について、南がちゃんと理解してくれるなら一緒にやっていける。

そうして竹内は、南にあてたメールを書き始めた。そこには、竹内自身のルーツや考え方、そして南の考え方と重なる部分や反発を覚える部分について書いていった。

自分は、南という人間と性格的にぶつかる部分があると思っている――。そんな内容のメールを、南が受け止めてくれたのなら、全面的に協力しようと思っていた。

## 深夜のメール、そして五人目の仲間「最強のエンジニア」竹内真

ビズリーチのオフィスに泊まり込んで働いていた南は、翌朝もそこで目覚めた。もともとはユニットバスがあったところをトイレだけにした個室で、バスタブを取り払って空いたスペースに寝袋を敷いて寝ていたのである。

その個室を出たところで、携帯電話にメール着信があることに気づいた。見れば竹内からのメールである。

受験の合否通知の封を切るような気持ちでメールを開いた。胸の鼓動が早まる中で、メール画面の文字列に視線を走らせていった。

そこには、こう記されていた。

『南さん、昨日はお疲れ様でした。いつも強気なあなたも、さすがに今回ばかりは憔悴しきっていると感じましたよ。実は、僕はあなたととても似ていると感じています。同じようなことを考え、同じように振る舞うから、実は嫌いなんです。

これまで何人ものエンジニアと会って、まったく相手にされなかった理由、南さんは自分でわかっていますか? 僕たちのようなエンジニアは、あなたのようなビジネスマンタイプの人間を見ると、いいように使われてしまうのではないかという不安に駆られるのです。今まで会ってきたすべてのエンジニアも、きっとそう感じたからあなたを拒否してきたのでしょう。

でも昨晩、僕はあなたが変わったという印象を受けました。今回の失敗を通じて変わったんじゃないかと思います。どんなに行動力があって、魅力的な話ができて、ビジネスセンスがあったとしても、それだけでは埋められない溝があるということを知ったはずです。

インターネットビジネスにおいて、システムは心臓部。事業の価値そのものです。にもかかわらず、エンジニアは人にこき使われやすく、大変な仕事の割に、その価値を理解してもらえないことが多いのです。今回あなたは、失敗をして、痛い目を見たから、システム開発がいかに大変なことか、身をもって知ることができたんだと思います。今のあなたなら、開発そのものは理解できなくても、その大変さや価値は理解できるでしょう。僕はその点を大きく評価しています。

それに、ビズリーチには各分野のプロフェッショナルが集まっていて、本当に素敵な仲間がいます。彼らを集め、そして無償でも楽しそうに働く環境を作ったのは、紛れもなくあなたの力です。そして、南さんがやろうとしているビジネスはこれからの日本を変えるだけの可能性があり、魅力的だとも感じました。面白そうだから、2か月ぐらいなら南さんに時間をあげてもいい。これが、南さんと一緒にやろうと思った理由です。力を合わせて、2か月でサービスをスタートさせましょう！』

メールを読み終わったとき、南はいつの間にか涙を流していた。今まで肩に背負ってきた重みが、ふっと軽くなったような感覚に包まれていた。

しかし、その涙はすぐに拭った。――泊まり込んで働いていたのは南だけではない。すぐ近くには佐藤がいる。彼に気づかれないよう、南は出てきたばかりの個室に戻った。そこでもう一度、竹内からのメールを読み直した。

竹内からのメールは、南にあらためて教えてくれた。なぜ今まで、エンジニアを仲間にできなかったのか。南の中に何が欠けていたのか。

ビズリーチに佐藤や永田や田澤が加わり、自分には頼れる仲間がいるのだと思っていた。自分を信じたい気持ちを仲間に投影し、彼らの存在に甘えていたのかもしれない。

心のどこかで、自分の力を信じたい、と思っていたのだろう。自分には仲間がいるということを、自分の力のように過信していたのかもしれない。そして自分さえしっかりしていれば、という気持ちを持ちながら新たな仲間を探そうとしていた。

だけどそれは相手を信頼せずに仲間になってくれと言っているようなものだった。「自分さえしっかりしていれば」ではなく、自分の無力を認め、相手の力を認めるところが仲間探しの原点だったのかもしれない。

竹内真は間違いなく、自分にはない力を持っている。それも最強のエンジニアとしての、第一級の力を。

その彼が、「力を合わせて」と言ってくれた。無力な南の力を認め、一緒にがんばろうと言ってくれた。

本当に信じるべきは、自分の力ではなかったのかもしれない。こうやって仲間に加わってくれた者がもたらし、ともに生み出していく力こそ、これからのビズリーチの力になるはずだ。

何度も何度も、その文面を読み返した。そこから力が湧き上がってくるように思えた。

Lesson5

# 仲間の心を動かす
# ——なぜ、すべてをさらけ出す必要があるのか？

## ▼「なんでも一人で」の自前主義こそが最大の障壁

２００８年11月、僕は本当に追い込まれていた。佐藤、永田、田澤と、志を同じくする仲間と出会い、目指すべき方向も見えていた。できる手はすべて打ったはずだった。だが、プロジェクトは行き詰まり、サイトはバグだらけ、開発スタートから半年以上経つのに、仕様すらブレている有様だった。

理由は一つしかなかった。

エンジニアの不在。正確に言えば、ビズリーチにコミットしてくれるエンジニアを仲間にできていなかったことだ。ビズリーチを始めたときからずっと問題だとわかりきっていたことだったが、ずっと解決できないままこじれにこじれてしまっていた。

もちろん、僕だって何もしていなかったわけではない。何十人ものエンジニアの方々にお会いし、気持ちを伝え、「一緒にやりましょう」と誘い続けていた。

だがその結果は——本書のプロローグでも書いた通り、会う人会う人、すべてのエンジニアから拒絶され、挙げ句の果てに言われたのは「あなたは人を道具としてしか見ていない」という心をえぐられるようなつらい言葉だった。

実際のところ、竹内から深夜のメールを受け取るまでは、僕はなぜ拒絶されているのか、本質的なところはわかっていなかったように思う。

それでは、なぜ、竹内はビズリーチという「船」に乗ることを決めてくれたのだろうか。

竹内からのメールは、二つのことを気づかせてくれる。

一つは、「なんでも自前主義」が完全に崩れ去ったことだ。オフィスのベランダから電話をしたあの日あのとき、前章でも紹介した「最後は自分でやればいい」という考えが僕の中で完全に崩壊し、素直に「助けてほしい」と心のうちをさらけ出すことができた。

情熱だけではどうにもならないことがある。竹内から言われた通り、「どんなに行動力があって、魅力的な話ができて、ビジネスセンスがあったとしても、それだけでは埋められない溝がある」のだ。

だが、だからこそ、仲間に助けを求めることができるかどうか、が重要になる。

## ▼「できないこと」を認めることで生まれた「覚悟」

もちろん、仲間から信頼を勝ち取っていくには、永田との出会いでも見た通り、まずは自分の強みをしっかり把握しておかなければならない。

しかし、ある意味でそれは、自分が「できないこと」を認めていく作業でもある。

僕の場合、「インターネットを活用したビジネスプラン」が書けるかというと、決してそうではない（そもそも永田に参画してもらうまで、インターネットビジネスをまったく理解できていなかった）。

バシッとメディアの心に刺さるPRのコピーを考えられるわけでもない。

もちろんプログラムなんて書けないし、地道に物事を積み重ねていくような作業も苦手だ。

そのうえ、プロジェクトを総合的にマネジメントする能力の未熟さまで明らかになってしまった。

「いったい自分には何ができるのだろうか？　みんなに助けてもらわないと、まったく前に進めないじゃないか――」

あの渋谷のワンルームマンションのベランダで、僕は自信を失っていた。正直、もうやめようかとも思い始めていた。

だけど、「自分にはできないことが山ほどある。みんなに助けてもらわないと前に進めないんだ」と思えたことで、僕の中で何かが変わり始めた。事実、竹内は僕の変化を感じ取ってくれたし、この後、会う人会う人に「表情が変わった」と言われるようになる。

自分の弱みを正しく理解し、それを心の底で認めることができるかどうか。これこそが、仲間を巻き込む「覚悟」に求められる重要な要素ではないだろうか。

## ▼「僕」から「みんな」へ——主語が変わり、世界が変わる

竹内のメールによって気づき、変化したことはもう一つある。「僕」が「みんな」に変わったことだ。

プロローグのように拒絶されていた頃、僕はビズリーチについて、ビジネスの話や業界にもたらす影響のことばかりをアツく語っていた。まるで、自分一人で会社をやっているかのように。

そう、ここでも問題になっていたのは「(最後は自分でやるから)これをやってほしい」という自前主義に基づくメッセージだった。そんな人間についてきてくれる人間など、いるわけがない。

「やれないことは人に任せればいい」と言うのは簡単だ。だが、自分でできることをすべてやってみて、それでもダメだったから気づけたことがある。

「ああそうか、自分一人で創っている会社じゃないんだ」

追い詰められてようやく、この当たり前のことに気づけたのだ。

竹内に電話をしたとき、僕の心の中にあったのは、「この事業をなんとかしたい。この仲間でなんとかしたい。この仲間でやっていることを助けてほしい」ということのみ。「自分」というものが消えて、「みんなのために」「このサービスのために」という気持ちだけだったのだ。

「仲間のための覚悟」、そう言えばかっこよすぎるかもしれないが、この気持ちが芽生えたことが、竹内の心を動かしたのだと思う。

仲間づくりのステップ〈5〉

## 仲間の心を動かして、信頼関係を築く

◎信頼する仲間に、自らの想いをすべてさらけ出せているだろうか？　できないことを認めることで、「最後は自分でやればいい」という自前主義を打ち崩すことができる。

◎あなたには「どうあがいてもできないこと」はないだろうか？　そして、できないことを人に言えずに抱えてはいないだろうか？　「できない」ことを認めることは、決してマイナスばかりではない。あなたができないことを認めれば、仲間がそれを補ってくれるからだ。

◎一度、一人称を「自分」から「みんな」に変えて語ってみよう。仲間と同じ目標に向かって突き進むうえで、まったく新しい気持ちで取り組むことができるだろう。

第 6 章

# 最高の仲間は、実は近くにいる

## ——ともに成長するための「場」を作る

## いよいよ成った大結集——本当に欠かせないメンバーは誰か？

「和男、やったよ。竹内さんが仲間になってくれた！」

南が泣き笑いのような表情で告げてきた。その朗報をともに喜んだ佐藤和男だったが、浮かれている南にこう告げることは忘れなかった。

「それじゃあ一度、みんなで集まる機会を作らないとね」

南と佐藤で始めたビズリーチにも、様々な分野の才能を持つ者たちが集まっている。今後のコンセンサスを得るためにも、一度全員の顔合わせをしておいたほうがいい。そこからシステム開発を仕切り直して竹内に活躍してもらおうというのが佐藤の意見だった。

今のところ、正式にビズリーチに加入しているのは南・佐藤・永田・田澤・竹内の五人、それにシステムのデバッグを手伝ってくれている学生インターンの豊田・米山の二人。まずはその七人が頭に浮かぶ。佐藤は七人全員のスケジュールを合わせて日程を調整することにした。

それぞれと連絡をとっている最中、南が声をかけてきた。

「もう一人、園田さんも呼んでもらっていいかな？」

「……そうだね。わかったよ」

了解したものの、佐藤は一抹の不安を覚えた。つい先日、70点スタートを目指すビズリーチの転職サイトについて、30点と断定したのが園田剛史である。最強のエンジニアこと竹内真のもとでシステム開発を仕切り直そうというときに、同じエンジニアである園田とぶつかったりはしないだろうか？

その心配が顔に出たのだろうか、南が笑って説明してくれた。

「僕としては……和男に永田さん、玲子さんに竹内さんって集まって、まさにドリームチームができたって気がしてるんだ。だけど、園田さんにも加わってもらいたいんだ。だって……、彼も、本当は一緒にやりたいんだと思うんだよね」

「えっ、園田さんが？」

「絶対そうだよ。園田さんは、ビズリーチに興味を持ってくれてはいるけど、起業とかベンチャーにまつわるリスクの部分、そこに躊躇してるんだよ」

実際、園田はビズリーチとは一定の距離を保つようにしているようだった。南が最初にスカウトしたのはもう1年近く前だが、いくら誘っても正式な加入は断り続け、時々週末のミーティングに顔を出す程度の付き合いなのだ。

しかし南に言わせると、彼のそういう感覚こそが重要らしい。

「ベンチャーに転職するのって、夢はあるけどその分リスクもあるだろ？　誰もが和男みたいに、ぽーんと飛び込んでこれるわけじゃないよ。これからビズリーチが仲間を増やしていくとしたら、むしろ園田さんみたいに躊躇する人のほうが多いって気がするんだ。べンチャーへの転職にリスクを感じるほうが普通の感覚なんだし、その感覚こそ大事にしておくべきなんじゃないかな。だから、絶対に園田さんには来てほしいんだ」

「なるほど……」

これは南の、経営者としての勘のようなものらしい。だったら佐藤から異論を唱えるべきことではないだろう。さっき抱いた懸念は懸念として伝えておくにとどめ、佐藤は早速園田にも連絡をとってみることにした。

## 竹内の宣告――「全部捨てて、ゼロから作り直しましょう」

２００８年12月6日。わずか11坪のオフィスに全員が集まった。

南壮一郎にとっては頼もしい仲間たちである。狭いオフィスで一堂に会している光景を見るだけで励まされるようだった。

「それじゃあ和男、ビズリーチの転職サイトについて、現状の開発状況を説明してくれるかな」

張りきって仕切りを入れた。しかし、続いて佐藤が発表した内容は惨憺たるものだった。

「機能は当初の予定の半分まで削り、最低限の機能が実装されています。問題は、仕様変更を重ねすぎたせいで全体が複雑になって、バグが１０００個以上あることです。一つのバグを潰すと新たなバグが発生するような状況となっています。」

このままでは、まともなサービスなど提供できない。新規事業を始めるどころではない

——誰もがそう思ってしまう状況だった。

それでも佐藤は、あえてこの状況を全員で共有しようと思ったのだろう。どんな状況であれ、ビズリーチはこの崖っぷちから再スタートを切るしかないのだ。

そして再スタートのためのキーパーソンが口を開いた。

「今までに作ったシステムは全部捨てて、ゼロから作り直しましょう」

竹内真だった。新たなスタートを切るために集まったメンバーの前で、こともなげに断言したのだ。

南も佐藤も、こうして竹内の考えを聞くのは初めてだった。現状を把握するため、竹内には事前にビズリーチのサイトの隅々まで目を通してもらってはいたが、それをどう立て直していくかは、この場で話してくれることになっていた。

しかし、ここまで厳しい判断が下されるとは誰も思っていなかった。凍りついたような空気の中、竹内は淡々と続けていく。

「ここまでダメなものを修正していくのは難しいです。しかも今のサイトはＰＨＰで作られてますが、僕が最も得意なのはJava（ジャバ）です。さらにバグの数からしても、この品質のシステムを表面的に修正し続けるのはリスクだと思います。僕が一人で作るなら、

一番得意なJavaを使って、最初から作り直します。それが最も速く、しかも高い品質のシステムを作れるからです」

南は思わず佐藤を振り返った。佐藤は落胆もあらわにうなだれている。

無理もない。インターンの豊田や米山とともに、増え続けるバグと誰よりも一番戦い続けたのは佐藤だったのだ。それを捨てて丸ごとゼロから、というのでは、彼の徒労感は計り知れない。

南も大きなため息をついた。システム開発を外注していたとはいえ、この半年ほど悪戦苦闘してきた成果なのだ。南だってショックがないといえばウソになる。

そんな二人の動揺に気づいているのかいないのか、竹内はきっぱりと告げた。

「2か月で全部作り直しましょう。開発は基本、僕一人でやりますので」

2か月という期限については、確かに竹内からのメールに書いてあった。しかし、「まったくのゼロから、たった2か月で作る」という話となると、さすがの南も耳を疑った。

竹内には、なるべく今あるものを活かしてもらうつもりだった。そのほうが効率的だと思っていたし、これまでがんばってきた仲間たちの気持ちを思うと丸ごと捨ててしまうのはあまりに忍びない。

思わず反論しかかった。思い直したのは、竹内を信頼して任せたのが南自身だったからだ。

そのとき、うなだれていた佐藤がぼそりと呟いた。

「やっぱり、ダメか……」

内心のショックを、彼の中で受け止めた言葉だった。

再び、南と佐藤の視線がぶつかった。佐藤の目は、ここで南から反論する必要はないと語りかけてくるようだった。

そんな南と佐藤のことを、永田が冷静に見つめていた。竹内の話を聞きながら、すでに次のことを考えているような表情だった。

## 「絶対に無理！」——園田の意地

「ちょっと待ってください」

声をあげたのは、南でも佐藤でもなく、園田剛史だった。

「常識的に考えて、それは不可能ですよ。僕はいくつものプロジェクトをマネジメントしてきましたけど……たった2か月で、ゼロから一人で作れるような代物じゃありません！」

正式には加入してないとはいえ、園田も1年近くにわたってビズリーチに関わってきている。思い入れもあったし、目指す転職サイトがそう簡単に作れるものではないこともわかっていた。

現状のシステムについて、園田自身もかつて30点と評したこともあった。しかし、それでもゼロではない。丸ごと捨てたほうがいいなどとは思っていなかった。不具合が多いとはいえ、とりあえず動いている物があるのだ。まずはサービスを開始させるべきで、改善はその後でもよいと思っていた。

それに、いくら竹内真が優秀なエンジニアだからといって、昼間は本業で働いているので、余った夜や週末の時間を使っての作業となるのだ。一人で2か月以内に仕上げるのは無理だと思ったし、サイトのデザインや文章、掲載する求人情報の整理などを考えればどうしてもチームの仕事となる。そして、これまで6か月かけてシステムを作れなかったチームが、これから2か月で今よりよいシステムが作れるとは思えなかった。

作り直すとしたら2か月では終わらないだろうし、無茶なスケジュールを組めば状況をさらに悪化させることにもつながりかねない。何より、作り直してよくなる保証がないのにまた2か月という時間を投資するのが正しいとは思えなかった。その2か月の運営コストもかかるし、ビズリーチのサービスがさらに遅れた場合の損失を上乗せする可能性だってある。単純なリスクを予測するだけで、竹内の方針に納得はできなかった。

「サービスの性質上、個人情報の扱いもあるし、デザインもゼロからやり直しなのに、2

か月じゃあ無理ですよ。しかも竹内さん一人で、日中は他の仕事をしながら作るなんて、あまりにも非常識です。もし僕がこのプロジェクトのマネジャーだったら、そんな提案は100パーセント却下します！」

今ここに集まっている中で、竹内以外に大きなシステム開発の経験があるのは園田だけだった。その分、竹内が言っていることの意味を正しく理解しているのは自分だけだと思ったし、彼の方針については自分が検証しなくてはという責任感もあった。

「南さんも現状では満足してないわけだし、作り直しってことは理解できますよ。だけど2か月では無理です。僕の目で見積もっても——どんなに早くたって、優秀なエンジニアが三人がかりで4か月はかかる開発プロジェクトだと思います。そもそもこれまで、6か月もかけたのによくならなかったんだし」

最初に南に誘われて以来、園田はビズリーチとは一歩距離を置いてきた。その位置から見てきたからこそ、どうしてこれまでの開発プロジェクトがうまくいかないのかわかったような気がしていた。

「この際だからはっきり言わせてもらいますけど、南さんがインターネットサービスのことをよくわかってないうえに、開発側もそんな南さんをマネージできなかったっていうのが問題だったと思うんです。それは典型的なダメプロジェクトの構造だし、そこを改めなくちゃいけないと思うんですよ。今もまた、主導権を南さんから竹内さんに移すだけだったら、同じことを繰り返すだけじゃないですか？」

　これから再スタートを切ろうというときに、水をさすような発言だとは自覚していた。しかし自他ともに認める慎重派の園田としては、ここでしっかり意見しておきたいと思っていた。

## 「やると言ったらやります」——竹内の覚悟

　全部捨ててゼロから作り直す。

　言い出した竹内真としても、反対されることは予想していた。バグだらけとはいえ、ここに集まっている面々にしてみれば、半年以上の苦労の成果なのだ。竹内がそれを丸ごと否定したうえ、今後のイニシアチブをとろうというのだから、反対意見が出て当然である。

　しかし、その反対が園田から出てくるとは思わなかった。園田とは、たまにビズリーチに呼ばれて助言をするという共通点があり、顔見知りだった。同じエンジニアだし、園田の経歴や実績を見れば彼の実力はわかる。そんな彼なら竹内のやろうとしていることは理解してくれるものと思っていた。

　理解はしてくれているのだろう。しかしどうやら、彼は理解したうえで反対しているらしい。そのことも竹内にとっては意外だった。

ビズリーチの集まりの中で、園田剛史は飄々とした癒し系のキャラクターで通っていた。この日の服装も、ジーンズに着古したTシャツ、ミッキーマウスのパーカーという組み合わせである。単にカジュアルなだけでなく、周りの者に和やかな印象を与えるような雰囲気を漂わせていた。

その彼が、顔を真っ赤にしながら、猛然と反対している。熱っぽい口調で「絶対に無理」と言っている。

そのことが、竹内真の反骨心に火をつけた。もともと竹内は、学生時代からマニアといえるほどの数学好きで、全国でトップをとったこともある人間である。それゆえに難問に対するチャレンジャースピリッツを人一倍持っているのだ。難問と言われるほど燃える性格だから、同じエンジニアである園田から絶対無理などと言われたら最後、意地でも実行してやりたくなってきた。

絶対無理とまで言われたら、むしろ絶対にやってやる。

実のところ、ゼロから2か月で作り直すというのは、相当な無茶だという自覚はあった。しかし日頃は穏やかな園田からこれだけ強く反対されてしまっては、言い出した竹内としても後に引けない。

「園田さん、やってみなくちゃわからないでしょう。僕はやると言ったらやりますから」

努めて冷静に言い返した。「無理だ」と「やれる」で言い合っていても始まらないので、園田がさらに反論してくる前に南に話を振ってやることにした。
「とにかく、僕がやる以上は今まで作ったものは全部捨てます。それでもいいかどうか――南さん、決断してもらえますか？」

南は竹内に、「必ず『南と仕事をしてよかった』と言ってもらえるようにする」と約束したのだ。ここでの決断次第では、いきなりその約束が破られることになる。

その約束を楯にとって自分の意見を通そうというわけではない。南には約束を守ってほしかったが、同時に園田の期待にだって応えるべきだという思いもあった。矛盾しているようだが、経営者というのは常に二律背反の命題と向かい合うものだという考え方だってできる。

なにしろ「常に人の期待に応えてきた」とまで言いきったのは南自身なのだ。ぶつかり合った二つの意見を踏まえ、南なりの決断というのを見せてもらおうと思っていた。

## 竹内か、園田か。ついに下した決断――答えは、仲間の中に

決断を迫られた南の中で、迷いと葛藤が渦巻いていた。

システム開発について、南はまったくの素人である。

涼しい顔でやれると言いきる竹内が正しいのか、真っ赤な顔で無理だと反対する園田が

正しいのか、判断することはできなかった。

2か月で作り直すというのがどれほどすごいことなのか、感覚としてわからないのだ。あの園田がここまでの剣幕で言うのなら、よほど非常識なことなのだとは思える。しかし竹内ならその非常識を実現しそうだとも思える。

これまでの半年、苦労を重ねてきた記憶もよみがえってくる。全部捨てて様々な苦労を水の泡とするよりは、修正レベルで出直せないものかという思いもある。それは感情論にすぎないとはわかっていたが、その感情を持った仲間たちが仕事をしてきたのも事実なのだ。

そこまで考え、南はふと気がついた。

仲間。自分一人では判断ができないなら、仲間という視点から考えてみるべきではないだろうか？

南はかつて、仲間を信じると決めたのだ。そうして竹内に頼んだからには、まずは彼を信じるべきだ。それを踏まえて園田の意見も受け止めなくてはならない。

竹内と園田、どちらが正しいかなんて、判断はできない。

そして今のビズリーチに求められているのは、正しいか正しくないかの議論ではない。やるかやらないかの決断だ。

だったら、竹内も園田も信じるべきだ。そこから生まれる決断もあるはずだ。

そう考えたら迷いを断ちきれた。南なりの決断を見つけることができた。

「わかりました。システム開発は竹内さんに任せた以上、信じます」

まずはそう答えた。園田が気色ばむのがわかったが、南はそのまましゃべり続けた。

「だけどそれは、園田さんの意見を信じないってことじゃないんです。竹内さんと園田さん、二人に一つずつ頼みたいことがあります」

園田が開きかけた口を閉じ、話を聞く表情になる。竹内は静かに南の話を待っている。

南はそんな二人に向かって語りかけた。

「園田さん、2か月の間に一人で作り直すのは無理だっていうのはわかりました。でも、ここはその無理を通させてください。

竹内さん、システム開発を基本的に一人でやるっていうのはわかりました。でも、この開発プロジェクト全体は、ビズリーチの仲間力で挑ませてください」

そして南は、集まっている全員に目を向けた。仲間力とはどういうものか、南自身の言葉で語るべきときだった。

「以前、竹内さんは1日が24時間しかないのが悩みだって言ってましたよね。僕にもその気持ちはよくわかるけど、1日を24時間以上に活かす方法もあると思ってるんです」

その方法こそが仲間力だ、などと言う気はない。しかし、ここに集まったスペシャリストたちがそれぞれの分野で力を出しきることができたら、残り2か月ということの意味も変えられるはずだと思えた。

「この8月、永田さんを仲間に引き込もうとしていたとき、膨大な資料をまとめる必要に迫られました。僕と和男に残された時間は20時間。どう考えたって時間が足りない、無理だって思う状況だったけど、僕らは二人がかりでがんばった。二人して徹夜して、20時間で40時間分の仕事ができたんです」

20×2＝40、理屈で言ってしまえば実に単純な掛け算だ。しかし南と佐藤は、その掛け算を実行して三人目の仲間を得た。それぞれの力を出し合えば単なる掛け算以上の効果が得られることを、身をもって経験してきたのである。

「今回も、残り2か月っていう開発期間は短いかもしれない。だけど僕ら全員でかかれば、残り時間を何倍にもできる。僕らはきっと、2か月でこのプロジェクトを完成させられるはずです」

南のこの宣言をもって、これまで作ってきたシステムを捨てることが正式に決定された。しかし南は、まったくのゼロから始めることになるとは思わなかった。半年前と比べて状況は大きく変わっているのだ。

ゼロではない。仲間がいる。

そして半年間格闘してきた経験もある。失敗した経験を活かせば、集まった仲間に適材適所で働いてもらうこともできるはずだ。

実際、南はこの後すぐに、仲間たちがいる心強さを感じることになった。

## 永田、動く——役割分担を明確に

「オッケー、それじゃあ」

口を開いたのは永田信だった。

今まで黙って皆の話を聞いていた永田だったが、南による再スタートの方針決定を受けて動いたのだ。

「まずはタスク分解して、それぞれがやることをちゃっちゃと決めちゃいましょうか」

複数の人間が2か月間にわたって関わるプロジェクトである。うまく進行させるためにはそれなりの方法論がある。

大雑把な目標のまま進むのではなく、仕事を細かく分けて各自に割り振り、時期的な計画を立てる。その考え方がタスクマネジメントであり、その第一歩がタスク分解である。

そうなったら永田の出番であった。

永田は、竹内や園田、そして南の意見に耳を傾けている間、何をどうするべきかを頭の中で組み立てていた。あとはそれを、論理的に筋道立てて伝えていけばいい。

永田はまず、竹内に向かって告げた。

「竹内さん、２か月は絶対コミットね！　遅れるのはＮＧだから、厳しそうなときはすぐに言ってください」

一番の大枠、時間的制約を確定する。次はトラブル要因を抑え込むことだ。永田は南に向き直った。

頼れるトップでありながら、南には何でもかんでも首をつっ込み、自分で決めたがる悪癖がある。永田は、この半年の開発では南の口出しが混乱を招き、結果として遠回りになって遅れが出た、とも考えていた。そういう面がある以上、あらかじめ南に釘を刺しておくべきだった。

「南さんは、システム開発そのものへの口出しは禁止です。まずは営業、それからサイト公開時のＰＲ。この２点だけに集中してください。何はともあれ、オープンまでに登録してくれるヘッドハンターを最低50人は集めましょう」

転職斡旋のプロフェッショナルであるヘッドハンターとのつながりは、今後ビズリーチを運営していくうえでの生命線である。そして南の人柄や才能が活きるのも、そういう社外のプロとのつながりを作ることなのはわかっていた。

そしてヘッドハンターだけではなく、求人情報そのものが必要なのは言うまでもない。そういう情報を堅実に集めるのに、うってつけの人材といえば佐藤だった。

「南さんがヘッドハンターで、和男さんはとにかく求人情報。最低でも１０００件は集めてください」

ヘッドハンターも求人情報も、無限に存在しているわけではない。2か月という期間で考えれば、50人集めるのも1000件集めるのも、かなり高めのハードルである。しかし南と佐藤ならやってくれると信じていた。

次は田澤玲子だ。永田はてきぱきと告げていった。

「玲子は、南さんと広報戦略を練り上げてください。記者発表会の開催っていう目標があったけど、竹内さんのシステム開発のゴールが設定されたんだから、そこから逆算して広報関係のスケジュールも切れるよね。そこに向けての準備全般を受け持ってください」

これについては安心だった。彼女とはマッチ・ドットコムで組んでいた経験があるだけに、自分でやるのと同じくらい信用して任せることができる。

「私は秋から、サイトのデザイン関係のディレクションを受け持ってきたけど、ビズリーチのロゴデザインなんかはそのまま流用できるし、サイト全体の設計も引き受けます。その設計をもとに竹内さんに作ってもらうわけだけど、その際のサポートとチェックを、学生インターンの二人と――園田さん、お願いできますか？」

永田はここで園田に話を振った。最後の最後で、ちょっとした賭けに出たのだ。

なにしろ、園田自身も一流のエンジニアなのに、竹内の裏方に回ってくれと告げているのである。しかも、たった今まで意見をぶつからせていたその相手の。園田が断ったとしてもおかしくはないところだ。

しかしそれだけに、うまく転がれば二人の衝突のエネルギーがそのまま開発の推進力となる。どう転がるかは園田次第だったが、答えはすぐに返ってきた。

「わかりました」

あっさりとうなずいて、軽く笑みまで浮かべている。

それはいつもの、飄々とした園田の笑顔だった。

## 六人目の仲間「慎重なエンジニア」園田剛史

永田にうまく乗せられている気はしたものの、園田は自分なりに納得して彼のマネジメントを受け入れていた。

これまで、「石橋を叩いて、しかも人に渡らせる」慎重派として、ビズリーチとは一歩距離を置いてきた。ミーティングに参加する程度で、時々ちょっとした手伝いをしてもいいという程度のスタンスだったものが、本格的にビズリーチに関わっていこうと腹をくくったのだ。夜と週末だけの草ベンチャーの形ではあったが、ついに自分の足で石橋を渡り始めることにしたのである。

無論、そんなふうに心が動いたきっかけは、竹内真の存在だった。今後のビズリーチのシステム開発について、彼と真っ向から意見を戦わせたことで、逆に興味が湧いたのである。

竹内の提案が無茶だという考えはまったく揺るがない。この状況で、100人のプロジェクトマネジャーが竹内の案を聞いたとしても、100人全員が不可能だと判断するはずだと断言できた。同じエンジニアの目から見て、それくらい非常識なことなのである。なのに竹内は自信満々な顔で「できる」と言い張る。そんな彼と衝突した園田だったが、内心では面白いなと感じていたのだった。よほど頭がおかしいか、本当に能力がずば抜けているか、どちらかでなくては竹内のような態度はとれないはずだ。そのどちらなのか、見定めてやろうじゃないかという気持ちが湧いていた。

竹内が加わったことで、ビズリーチの開発プロジェクトがいったいどうなっていくのか。賛成とか反対とかを抜きにして、園田は純粋な興味を抱いていた。これまでの半年、ずっと外野からビズリーチを眺めていたが、竹内がやるというなら、園田としても協力してもいいという気になっていた。

そんな心理を突くように、永田が園田の役割を設定してくれた。そうなったらもう、園田に断る気持ちがあるわけもない。笑顔で「わかりました」と告げることができたのである。

竹内に対するサポートとチェックが園田の役割ということだったが、詳しい事情を確認してみると、ビズリーチではサーバーやネットワーク関連の基盤整備、いわゆるインフラ仕事を受け持つ人間がいないことがわかった。竹内をサポートするとなれば、インフラ周りの整備も重要である。園田は自然とその仕事を引き受けることになった。

インフラ関係の仕事の経験はなかった。もともといたＩＴ企業では、プロジェクトマネジメントが園田の担当だったのだ。個人的に運営していたサイトではインフラも手がけていたという程度の経験しかなかったが、ビズリーチでは他に人がいない以上、園田がやるしかない。自分で学びながら仕事を覚えていくことにした。

草ベンチャーの参加なので、そういう仕事に当面の報酬はない。しかし園田は、新たな自分の役割を楽しみにし始めていた。

## 園田との衝突、そして――仲間を誘うことと、仲間への責任

そうして草ベンチャーで働くようになった園田に、南は折りに触れてビズリーチ加入の話を切り出すようになった。

無理だと言い張りはしたものの、それでもやると決まった後では、園田は献身的に竹内のサポート役に徹していた。インフラを整備しながら皆のつなぎ役ともなって雰囲気を明るくしている彼を見ていると、あらためて正式な仲間となってほしいと思えた。週末や夜

だけの草ベンチャーでもなく、フルタイムで一緒に働きたい人材だったのである。

しかしある日、南のしつこい誘いに対して、園田は珍しく怒った口調で言い返してきた。

「南さん、僕には皆さんみたいに、ずば抜けた能力があるわけでもないし、南さんみたいに夢に対して後先考えずに突っ込んでいく勇気もないんです。守らないといけない家族もいるっていうのに、どうして僕にそんなに期待するんですか？」

どうしてと言われても、南から見るとそんな園田の存在こそが魅力的に思えているのである。そのことを正直に伝えたが、園田はそれでも首を振った。

「そりゃあ僕にも、みんなと大きな夢にチャレンジしたいって気持ちはあるし、そういう生き方に憧れもします。ただ、僕は普通の人間ですから、ビズリーチにすべてを賭けるみたいな冒険はできないですよ」

園田がそう言う気持ちはよくわかった。しかし南は、そんな慎重派の彼だから冒険の仲間に加わってほしいと思っていた。

「この世の中、何から何までまったく普通な人なんて、絶対いませんよ。園田さんには園田さんらしいよさがあるし、やりたいって気持ちは誰よりも強いはずです。そうじゃなかったら、僕が初めて送ったメールに返事なんかくれなかっただろうし、今までこうやって付き合ってくれてるわけがないでしょ。そういう気持ちがあるんだったら、いつまでも逃げててほしくないです」

そう告げた瞬間、園田の表情が変わった。南が初めて見る、怒りの表情だった。

「南さん、そんな無責任なこと言わないでくださいよ。僕もやるときはやりますし、やると決めたら全力でやりたい。中途半端に関わるのは申し訳ないって思ってるから深く関わるのをやめてるんです。こうやって草ベンチャーでビズリーチに関わってるのだって、このままずるずる深入りしちゃいけないって、自分を抑えてるんですよ。こうやって皆さんと一緒にいること自体、自分にとってはリスクをおかしてるんです」

「リスクっていうけど、園田さんにとっての一番のリスクってどんなことなんですか?」

「そりゃあ、一番のリスクはお金です。二人目の娘が産まれたばかりだし、十分な給与がなければ、家族を養っていけないんですから。今の会社をやめてビズリーチに入ったとして、うまくいかなったら、どうなるんですか? こういう気持ち、独身の南さんにわかりますか?」

「確かに僕は独身ですから、園田さんの気持ちはわからないかもしれない。でも、僕自身の行動については約束できます。これから1年以内に、園田さんがリスクと感じない給与を支払えるように、お金は僕が責任を持って集めます。園田さんの家族は、僕も家族の一員のつもりで一緒に守ります」

そうやって南が説得していると、やがて園田は涙を見せた。彼の中の、抑えきれない感情が涙となって溢れ出したようだった。

「南さん、危険な賭けだっていうのに、なんでそんなに楽しく話せるんですか？　僕だって、みんなと戦ってみたいんです。でもやっぱり怖い。守らないといけない家族がいるから」

南はさらに言い募ろうとしたが、園田はそれ以上の説得を拒んだ。

「これ以上、もう言わないでください。前へ進めない自分が嫌になりそうなので」

どうやら園田は、南に説得されて押しきられるのではなく、どういう答えにしろ自分で考えて結論を出したいようだった。そうなると南としても、それ以上しつこくはできない。園田自身の答えを待つことにした。

そして後日、園田のほうから南に話があると告げてきた。二人で話す時間を作ると、園田は照れたような表情で話し始めた。

「あの夜、うちの奥さんにすべてを話しました。みんなのことや、自分がやってみたいことや、どうすればいいかわからないってことを。そしたら、奥さんのほうから言ってくれたんです。『やってみればいいじゃない』って。お金のことや、リスクがあるってことも説明しましたが、『お金のことを一人で背負わなくてもいいのよ。最悪は私も働けばいいから、自分のやってみたいことに挑戦してみたら』って」

園田自身は、きっと妻から大反対されると思っていたようだ。しかし家庭に戻った園田がビズリーチについて語るとき、結婚してから一番熱のこもった調子でしゃべっていたらしい。そんなにも熱く、そして楽しそうに話す園田を初めて見た彼女は、園田の冒険を応援してくれたというのだった。

「僕、ようやくわかったんです。周囲の誰かのせいにして、自分で自分に制限をかけてたって。南さんがいつも言ってる、『できない理由ではなく、できる理由を考えなきゃ』ってことの意味がわかりました。なので、今日は南さんに伝えにきたんです。——僕もやりたい、ってことを」

照れ笑いで頭をかきながらも、園田は強い眼差しで意志を伝えてきた。南はそんな彼の気持ちをしっかりと受け止めるとともに、交わした約束の責任をあらためて強く感じたのだった。

# 仲間と一緒に成長する
# ——なぜ、仲間とフォローし合うべきなのか？

## ▼全員が創業メンバー——主体性とリーダーシップ

リーダーシップというものの本質的な意味とは、何だろうか？

僕は、「主体性」こそが、リーダーシップの最大の要件だと思う。ただし、主体性あるリーダーシップとは、自分で引っ張っていくことだけを指すものではない。

自分の意見を主張して戦うことはもちろんリーダーシップだが、仲間の気持ちを汲み取って丁寧にフォローして行動することもリーダーシップと言える。つまり自らの価値観に従って、主体的に動くことがリーダーシップだと思う。

そう、リーダーシップとは特定の役職にある人だけが持てばいいというものではなく、組織に関わるすべての人が意識すべきものなのだ。

だから僕は、今も「全員が創業メンバー」だと思っている。これは、佐藤、永田、田澤、竹内、園田という本当の意味での創業メンバーだけではなく、今ビズリーチで働くすべての仲間が、主体性を持って——すなわちリーダーシップを発揮して——自分らしく働いてほしい、そう考えているからだ。

そして、一生一緒に戦っていきたいと本気で思える、信頼し合える仲間と出会えたことで、僕にとって仕事は会社そのものになった。自分イコール会社、そして会社はそのまま仲間みんなのこと。「僕＝会社＝みんな」。会社が、そしてそこに集まった仲間が、今の僕のすべてなのだ。

## ▼一人で跳べる人間なんていない

ところが、最初からすべての人が自らの価値観に従って主体的に行動できるかというと、それは難しいと思う。そんな「やりたいと思っていても言えない」を代表しているのが、園田剛史だろう。

やりたいことがあっても、心の奥底にある「最後のハードル」を超えることが、人間には一番難しい。たとえ行動を起こすことはできたとしても、覚悟を決めて物事にコミットすることはなかなかできないものだ。

こうした人間の性質を考えるとき、仲間の存在はとても頼もしいことがわかる。

実際、園田はハードルの向こうは崖だと思っていて、一人では超えられないとためらっていた。でも、しつこく誘って、最後には手を握って一緒に跳んだら、崖ではなくてただの小さな「こぶ」だったとわかったのだ。

ハードルを超えられず悩む仲間がいれば、手を思いっきり握って、一緒に跳んであげればいい。そしてこの関係性は、自分にも跳ね返ってくる。

僕自身も、広報面では、田澤に手を握ってもらって「大丈夫、大丈夫」と何度も言われながら、ようやく思いきって前進することができた。仲間集めという自分の役割に正面から立ち向かえたのも、永田の後押しがあってこそだ。

どれだけ「強い」人でも、常に一人で跳べるわけではない。

それゆえ、そうやって躊躇している仲間がいたのなら、手をとって一緒にジャンプしてみる、そういう関係でいることこそ、仲間と切磋琢磨し、成長していくうえで最も重要なのだ。

## ▼「草ベンチャー」が機能したワケ

また、そういった「やるか、やらないか」という関係ではなく、興味があるけど跳べない人を受け入れるゆるやかな「場」づくりも、とても重要だ。

園田はまさにそうした場である「草ベンチャー」があったことで、ビズリーチに関わり続けることができたし、そうした場が仲間になる「きっかけ」を与えてくれることも多い。園田は、システムについて「30点」と言うなど、来るたびに苦言を呈してくれていたが、もし興味がなければわざわざ来てくれなかっただろう。

子どものときに、仲間に入りたくて周りでうろうろしている子どもと同じで、志を同じくする仲間というのは実はすごく近くにいるものだ。あとは声をかけるだけ、という仲間はたくさんいるのではないだろうか。

園田との衝突と仲間入りを通じて、仲間になるきっかけのあり方について学んだ。同時に、こういう仲間は、一度仲間になると強い、ということも知ることができた。

こうした「やりたいと思っていても言い出せない仲間」を拒絶せずに、いざというときには一緒に跳べるような場づくりこそが、リーダーの仕事の一つなのだろう。

### ▼仲間との約束は、双方向で

一緒にハードルを超えて誘った仲間に対しては、もちろん誘った側にも責任が生まれる。

仲間との約束は、常に「双方向」である。

仲間との信頼関係は瞬間的なものではなく、ずっと続いていく「約束」があって初めて成り立つ。だから、そこに責任が生まれる。

園田は、ビズリーチへ正式に加わることを決めた際に、家族も巻き込んだうえでの大きな約束を交わしてくれた。そんな彼の言葉を聞いて、今度は、僕が約束をする番だと感じた。今でも約束した内容は鮮明に覚えているし、あの約束を交わしてから数年経った今でもその気持ちはまったく変わらない。

仲間づくりのステップ〈6〉

## 仲間と一緒に成長する

◎意外なところに、あなたに共感してくれている仲間候補がいるかもしれない。すべての人が自ら手を挙げられるわけではないことを理解し、躊躇する仲間がいれば、一緒に壁を乗り越えてみせてあげよう。
その経験は、必ず自分にも返ってきて、あなたを成長させることにつながるだろう。

◎なかなか主体性を発揮できない仲間がいるのなら、発揮しやすい「場」を作ってみよう。少しずつ自信をつけ、コミットしてくれた仲間は、いざというときにあなたを助けてくれるだろう。

◎仲間とは、「何でもあり」ではない。仲間に巻き込むことも巻き込まれることも、双方に責任を生み、守るべき約束を生む。その約束を果たすことについて、意識してみよう。それは、あなたに新たな成長の機会を与えてくれるだろう。

第 7 章

# 仲間がチームになった
# 真夜中の「ビズリーチ・タイム」

――チームの力を引き出すカギは、
「任せること」「任せられること」

## 動き始めたプロジェクトと、南に生まれた変化

ビズリーチのシステム開発が、再び動き始めた。

その進行を見守る南は、まるで魔法でも目にしているような気分だった。これまでの半年で味わった苦労が嘘のように、驚異的なスピードでシステムができあがっていったのである。

永田から禁止された以上、システム開発への口出しはできない。せめて何が起きているかだけでも理解しておきたくて、毎朝佐藤から開発状況を聞かせてもらっていた。

ある朝の報告は、にわかには信じられないものだった。

「南さん、ここクリックしてみて。……これが昨日新しくできた求人情報の検索ページ。大枠ができたよ」

「求人検索ページって……まだラフデザインしかできていなかったはずだろ？」

しかし実際にモニター画面の表示を見れば、一夜の成果は一目瞭然だった。システム開発の素人の南にも、まったくのゼロから一夜にして出現することのすごさは理解できる。

そして次の夜には、その画面がさらに発展を遂げていた。

「新しい機能が、10個も追加されたんだ。キーワード検索も並び替えも自由にできるようになったよ。好きなキーワードを入れて検索してみて」

「これ、もうほぼ完成形だよね。一番大切な機能がたった2日でできたってことか……」

一夜にして芽吹いた木の芽が、翌日には枝葉をつけたようなものだった。そんな昔話があったのを思い出しつつ、南は自然と笑い出していた。

そうして大きな木へと成長していくサイトは、害虫にも強いようだった。

「昨日テストチームが見つけたバグリストは100個ぐらいあったけど、その進捗は？」

「もう90％ぐらい終わってるよ。残りは優先順位が低いから後回しだって」

「前はバグを10個つぶすだけで1日が終わっていたのに……まるで夢みたいだな」

そういう出来事が日常となり、南は毎朝、お伽噺でも聞くように佐藤の報告に耳を傾けた。話を聞きながら抱いた驚きや嬉しさが、自分の仕事への活力となっていった。

すべての歯車が噛み合って、次々といい結果をもたらす好循環に入ったようだった。信頼できる仲間たちが主体的にプロジェクトに加わり、それぞれの役割を果たしてくれている。そこから生まれる最高のパフォーマンスが、南自身にも魔法をかけてくれるようだった。

南自身、自分が少しずつ変化しているのを感じていた。

痛烈な失敗を経験したことで、自分にできることとできないことを知った。

仲間を信頼し、自分の役割に集中することの大切さを、痛いほど学んだ。

そして今、活き活きと本領を発揮し、魔法のような勢いで成果を出していく仲間たちは、

「信じること」や「任せること」の本当の意味を教えてくれていた。

仲間を信じるということは、他人の力を当てにすることじゃない。ともに戦っていくことだ。それぞれが最も得意な分野へ最大限攻めていくために、互いが互いの背中を守っていくことなんだ。

仲間に任せるということは、自分にできないことを丸投げすることじゃない。任せた仲間が最高の仕事をできるよう、全力でサポートしていくということだ。

そして今、南にできることは、仲間たちに任せたシステム開発で余計な口出しをすることではなかった。彼らを信じ、南自身の得意分野で最大限の成果をあげることが、仲間たちへのサポートにもなるのだと、ほかならぬ仲間たちから教えてもらった。

南に課されたヘッドハンター50人という約束はかなりの難題だったが、今ならそれくらい乗り越えられる気がしていた。

## 佐藤が発揮した「本領」——信頼こそ仲間の力を引き出すカギ

平日の日中、ビズリーチのオフィスに人はほとんどいない。

永田や竹内や園田には、それぞれの本業がある。南は外回りに出ることが多い。当然、佐藤が一人だけでいる時間が長くなったが、佐藤には重要な仕事があった。

インターネットサービスは、システムというハード（箱）だけあってもユーザーは使ってくれない。そのうえに、ソフトとなるコンテンツ（中身）があってこそ、初めて動く。さらには、運用ルールを作るなどオペレーションの仕組みを充実させて初めて、サービスとして提供できるようになる。

ビズリーチが目指していたのは、会員、求人情報、ヘッドハンターのすべてを審査し、厳選した情報のみをユーザーに提供することを約束する、いわば「会員制クラブ」のようなサービスだった。そのため、審査基準に合致しなければご利用をお断りすることになる。このようなコンセプトの転職サイトは、日本はもちろんのこと、世界にもほとんど存在していなかった。

このソフト面の仕組みづくりと、コンテンツとなる求人情報収集を担当したのが佐藤だった。サイトのルールとなる利用規約の作成から始まり、審査基準や運用方法の決定、記事やユーザー向けメールの作成、カスタマーサポートの対応マニュアルづくりといったオペレーションに関するすべてを、そしてコンテンツに直結する一番重要な求人情報集めまでを一手に引き受けていた。

誰もやったことがないサービスを作るのだから、佐藤はもちろんのこと、他の誰もそのノウハウは持っていなかった。ないなら他を徹底的に調べ尽くして、自分たちなりの方法を作り上げるしかない。できない理由は絶対言わない。それは、佐藤が南から学んだ最も大切なことだった。

「南さん、利用規約の大枠ができたよ。日米100個ぐらいのサイトを参考にして作ったから、漏れはないはず。審査基準についても、同じく片っ端から調べてまとめておいたから見てもらえる？」

「ありがとう！　そういえば、求人はどうやって集めるつもり？　最低1000件って永田さんが言ってたと思うんだけど」

「3万社ぐらいの候補企業の採用ページリストを作っていて、もうすぐ完成するから、終わったらその中から探すつもり」

「それって、もしかして手作業で探していくってこと……？」

「もちろん！　将来的にはシステム化したいけど、今はサイト開発のほうが大事だし、そもそも自分たち自身の手でやってからじゃないと仕組み化もできないでしょう。インターンの二人も手伝ってくれているしね」

佐藤は学生インターンの豊田と米山とともに、それらの企業の採用ページを一社一社チェックしていった。目視でひたすら求人情報を探し続けるという、気の遠くなる作業である。たとえ地道な作業であっても継続し、やがてそれを効率的な仕組みにしてしまうことが、他の仲間にはない佐藤の強みだった。

おそらく、佐藤ほど地道な作業をやり続けることは、南には無理だろう。見方によれば、これは南の弱みとも言える。しかし、佐藤はこう思っていた——それは、自分の強みで補えばいい、と。佐藤もまた、自分にはない強みを持つ南に、背中を預けている。そうして背中を預け合える信頼こそが、このときのビズリーチを支えていたのだった。

## 深夜零時から明け方5時までの「ビズリーチ・タイム」

日中は佐藤が孤独な闘いを続けていたが、夜9時を過ぎる頃から、仲間たちが一人、また一人と現れる。そして深夜11時を過ぎる頃には、チームは熱気に包まれていた。ただし、必ずしも全員が「オフィス」に揃っていたわけではない。

ある頃から、「いちいち会っている暇があるなら、その時間を開発に回したほうがいい」という暗黙の了解ができ、メールで連絡を取り合いながら各自の仕事を進める形ができていった。大事なのはオフィスという場所を共有することではなく、ともに働く時間を共有することだったのである。

別に本業を持っている者たちが、忙しい仕事を終えてからビズリーチの開発プロジェクトに取りかかるとなると、その時間はどうしても深夜が中心となる。それぞれの仕事が佳境に入るのは深夜零時から早朝5時にかけてで、いつしかこの時間帯は「ビズリーチ・タイム」と呼ばれるようになっていた。

ビズリーチの開発に関してはその時間帯を使うしかなかった、ということもある。しかしそれ以上に、各自が同じ時間を共有しながら働いているという意識が「ビズリーチ・タイム」という言葉の中に込められていた。

システム開発やインフラの整備を進める竹内や園田。

サイトのテストに加え、仕様変更や追加機能の検討などを行う永田や佐藤。

日中の営業活動を終え、翌日以降のアポの調整やヘッドハンターの登録作業に励む南。

全員がそれぞれの持ち場で懸命に働いていた。

実際、一同が揃って顔を合わせる機会はしばらくなかった。六人全員が集まったのは、再スタートを決めたミーティングから1か月以上も過ぎてからである。たとえ居場所はばらばらであっても、仲間たちがつながっている時間こそが「ビズリーチ・タイム」なのだった。

2008年から2009年へと年があらたまっていく中で、ビズリーチのシステム開発は着々と進んでいった。この開発プロジェクトにはビズリーチの仲間力で挑むと言った南の言葉が、現実のものとなっていったのである。

## 永田がもたらした画期的なマーケティングのアイデア

もっとも、南の言葉だけであれば机上の空論で終わったかもしれない。それを実現可能な「プロジェクト」の形にしたのは永田信だった。

これまで働いたインターネット企業で培った経験を活かして、永田はプロジェクトマネジメントを引き受けた。再スタートのときのように仲間たちの仕事を割り振るだけではなく、自ら課金システムを設計し、デザインのパーツを作成し、そのうえ、オープン後のマーケティング計画を作成するなど、カバーする範囲は広かった。

その際、当時の日本ではあまり一般的ではなかったやり方も多数導入した。当時はインターネットサービスという点では、まだ圧倒的にアメリカ生まれのサービスが進んでいたこともあり、マッチ・ドットコムで普通に実施されているような施策は、日本製のサービスには導入されていなかった。永田はあえて日本では一般的ではない方法が一つの勝機につながると考えていた。

一つの施策としては、求職者がオンライン広告を見てビズリーチのサイトを訪れる際に表示されるランディングページをごくシンプルな形でデザインし、会員登録をすることにのみ特化したページとすることにした。日本では、サービスについて長々と詳しく説明したうえで会員登録のボタンをクリックして表示される次のページで会員登録を促す形が一般的だったが、一画面におさまる形でビズリーチのよさを簡潔に伝えることにしたのである。そして会員登録すると詳しい情報が見られる形にし、その登録メールアドレスあてにメールを送り、CRMの施策の一つとしたのだった。

CRMとはカスタマー・リレーションシップ・マネジメントの略で、顧客情報管理や顧客関係構築などと訳される。永田は顧客との関係を築きやすくするため、日本企業では一般的だったプロセスとされていたものをすべて見直し、利用者に受け入れられやすい形を提案していったのだった。

永田の提案はときに常識外れにも見えた。前述のランディングページのデザインについて説明した際は、園田が首を傾げて尋ねた。

「永田さん、そんなことやっちゃっていいんですか？　登録が減りそうな気がしますけど」

「いやいや、それは園田さんが既成概念にとらわれているだけだよ」

永田は即座に切り返した。園田の心配も理解できたが、そういう懸念を払拭するのも永田の役割である。

「確かに日本では一般的じゃないかもしれないけど、最終的に多くの会員がサービスに満足をして、その対価として利用料を支払ってくれればいいわけだよね？　その目的を達成するための方法は一つじゃなくて、ありとあらゆる方法の中で最適な方法を選んでいけばいいんだよ。そのためには、サービス全体を設計したうえで、ユーザーがサイトを訪問して、会員登録をして、職務経歴書を書いて……というそれぞれのプロセスごとの数値や転換率を見ながら最適化していくんだ。まずは私の経験から最善と思うものを仮説として設定するから、その数字を見てみようよ」

これも当時の日本ではあまり普及していなかったが、外資系のネット企業では当たり前のオンラインサービスにおけるマーケティング手法の一つだった。インターネットサービスにおけるマーケティングは、いわゆる従来のマーケティング手法とは異なり、すべての数値をコントロールするのだ。どこからトラフィックを集め、サイトに来訪したユーザーがどれぐらいの率で会員登録をして、どれぐらいの率でサービスを購入し、一定期間内でいくら支払ってくれるのか——そのすべてを把握したうえで、それぞれのＫＰＩ（ビジネスを構成する要素の中で最も重要な指標）を上げながら全体の最適化を図っていくという極めて地味な作業である。

何を聞いても相変わらずシンプルかつロジカルに説明する永田の話を聞いているうちに、園田も永田を信じてやってみようという気になっていった。

## 皆と手を動かしてこそ——役割分担と、それを全うすること

利用者に受け入れられるには、仕組みだけでなくサイトの見た目も重要になってくる。そのためのデザインを指揮したのも永田だった。実際にウェブサイトを作ったのは竹内や園田のようなエンジニアだが、どんな見た目にするかや利用者にどのような体験をしてもらうのかは、永田が考えて形にしていったのだった。

インターネットの黎明期にウェブデザイナーとしてキャリアスタートした永田にとっては、十数年ぶりのデザイナー業務だった。そのせいかひどい肩こりに見舞われ、首や肩に湿布剤を貼りまくることになり、永田のそばを通りかかった田澤玲子が声をかけたほどだった。

「永田さん、大丈夫ですか？　接骨院みたいなにおいがしますよ」

「悪い。ここのデザインを仕上げないとサイトづくりが進まないから、肩こりを湿布で黙らせてるんだ」

「何も、永田さんがそこまでしなくても……」

永田はもともと、自ら手を動かして仕事をするというより、人を動かす側の役割を得意としていて、それを見込まれてビズリーチに参加したはずだ。だからこそ、肩こりと戦いながらデザインワークをしている姿は、マッチ・ドットコムでガラス張りの個室で働いて

いたかつての永田の姿を知る田澤にとっては驚き以外の何ものでもなかった。

しかし永田は、そんな田澤に首を振った。

「このプロジェクトは役割分担で動いてるんだから、それぞれが自分の役割を全うしないと俺もはじき出されちゃうよ。それにもともとデザインは嫌いじゃないしね」

そうやって仕事にのぞむ姿勢を他のメンバーたちに示すため、永田も率先して最前線に立っている。そこまでは言葉にしなかったし、実は田澤もそれくらいは十分に承知したうえで声をかけてきたようだった。

「じゃあ永田さん、記者発表会で使う、ビズリーチのロゴを大きく描いたポスターのデザインもお願いしていいですか？　本当だったらデザイン会社さんに依頼するんですが、予算がまったくないもので」

どうやら、最初からその仕事をやらせるつもりで声をかけてきたらしい。してやられた形の永田だったが、オフィスに居合わせた南や佐藤に向かって笑いかける余裕はあった。

「こうやって、玲子は人をこき使うんだよね」

そう言いはしたものの、ポスターのデザインは快く引き受けた。自ら率先して動くのと同様、田澤のように上手に仲間を頼ることだって、プロジェクトのためには必要なのである。

## とにかく速い！――竹内の真骨頂

そうやって永田が設計し、デザインしたサイトを形にするため、猛烈な勢いでプログラムを組んでいるのが竹内真だった。

「竹内さん、ここに致命的なバグが残っていますよ」

「竹内さん、ここが仕様と違います」

テストチームの佐藤や園田が、指摘事項を列挙する。しかし深夜のビズリーチのオフィスに竹内の姿があることは、大結集以降、一度もなかった。

日中はリクルートの仕事、その後は制作会社の社長としての仕事の二役を兼任しながら、追加でビズリーチの開発を行うためには、竹内は24時間をフル活用しなければならなかった。

竹内の計算では1日8時間をビズリーチに充てることができれば、2か月という開発期間でシステムを完成させることは十分可能だと考えていた。そのため、睡眠時間を体力が維持可能な1日3時間に設定し、食事の時間はもちろん、セキュリティと個人情報に関わらない部分については移動中の通勤電車の中や歩行中も――時には家族で訪れた東京ディズニーリゾートでの待ち時間でも――コードを書き続け、まさに死にものぐるいで1日8時間を捻出していた。

極限まで時間を切り詰めた生活を始めた竹内にとって、渋谷のオフィスに来るまでの移動という追加の「作業」に費やされる時間は惜しかった。ノートパソコンを持ち歩いて文字通りどこでも仕事をする形をとることで、プログラミングに充てる時間を強制的に増やしたのだ。

そんな中、特にバグを指摘したり要望を出したりするコミュニケーションのために、テストチームはメールを使うのが常だった。

「会員登録から職歴情報の登録へ遷移するときにエラーがでます」

「ヘッドハンターの写真が表示されません」

必要事項を書いたメールを送った数分後、竹内からひと言だけの返信が届く。

「修正完了。秒殺！」

あまりに短時間の対応なので、最初のうちは何かの間違いかと思う者もいた。しかしネットを通じて共有されているシステムを確認してみると、確かに問題点が修正されている。それどころか、確認している間に竹内はさらに先のプログラムを組み終わっていて、チェック作業のほうが後れをとることすらしばしばだった。

それを聞いた永田は、チャンスと見て頭の中で考えていた提案を伝える。

「竹内さん、会員登録数を増やすために、こういう機能を追加しておきましょう」

その提案にも、竹内はすぐに返信をよこす。

「30分あればできますね。ちょっとやってみます」

そして実際、30分もかからずに新しい機能が追加されている。永田が感心していると、近くで佐藤が声をあげる。

「あれ、ここ仕様と全然違う！　今度はこっちがまったく動かない！」

と言いながらメールを打ち、竹内に送信する。竹内はすぐさま返事をよこす。

「だから、その画面は来週作るってさっき言ったじゃないか。くそー、じゃ今やりますよ、今！」

熱くなっているような文面とは裏腹に、問題事項はクールに的確に処理されていく。作り手の竹内と佐藤をはじめテストチームで毎晩のようにバトルしているようなものだったが、竹内も佐藤も、そのバトルを楽しんでもいるのだった。

竹内の加入前はこうはいかなかった。バグを見つけてもなかなか直らず、直ったとしても他のところに不具合が出るという日々だったのだ。それがビズリーチ・タイムでは、バグを報告するとすぐ直り、そこで勢いがついてシステムが完成に近づいていくのだった。

## 「縁の下」の園田の貢献――スピードを支えた丁寧な仕事

竹内の神がかり的なスピードに、誰よりも驚いていたのは園田剛史だった。

「園田さん、同じエンジニアの目から見て、竹内さんの仕事の速さってどうなの？」

猛烈なスピードで進む開発を、まるで魔法のように感じていた南が園田に聞いた。

「南さん、とにかく凄いんですよ。まず、単純に取りかかってから形になるまでが、めちゃくちゃ速い。そしてプログラムの書き方がどれも効率的で、目的地に向かって最短ルートで移動しているような素早さなんです」

園田が興奮気味に答えた。

「簡単にいえば、一人で30人分もの仕事をしているようなものなんです。単に結果だけを見たら、竹内真という一個人の仕事ではなく、確実に複数名で構成された開発会社の仕事だと間違いますよ」

実際に、竹内のプログラミング速度は、現実離れしたものだった。多くのプログラマーは、数行～100行程度プログラムを書き終えては、きちんと動作するかチェックしながら進める、というやり方が取られる。そうして早いうちに不具合を潰していかないと、実際にどこがどうバグっているのか、わからなくなっていくからだ。実際、園田もそのやり方でプログラムを書いていく。

しかし、竹内のやり方は、まったく違った。数千行、場合によっては1万行近くを、逐一テストすることもなく一気に書き上げてしまう。驚いた園田が聞いたところ、

「頭の中にあるものを書いていくだけだし、プログラミングは日本語よりも楽に会話でき

るツールだから」

と、何事もなく答えたのだった。

竹内の仕事のスピードに驚く園田だったが、そんな竹内を影から支えていたのは、まさに園田の仕事だった。

竹内がシステム開発に全力を注げるようにネットワーク環境を整えたり、いざ一般公開となったときのためにサーバーと契約したり、インフラがらみの裏方仕事は園田が一手に引き受けていた。

竹内がビズリーチのオフィスにいなくても仕事をできるような仕組みを整えたり、ネットワーク環境を整えたりと、猛進する竹内の手が緩まないようにと、彼の先の先を読みながら、システムづくりの裏仕事を一手に引き受けていた。

「園田さん、正式リリース後に使うレンタルサーバーの見積もりを取って、契約しておいてくれないかな?」

たとえば竹内からインフラがらみの依頼も追加されたときも、

「すでに、数社から見積もりをもらっていて、いくつかの機能について問い合わせをしています。3日ほど待ってもらえますか?」

といった返事がすぐに返ってきていて、これが開発のスピード感をさらに高めていった。

かつては竹内の方針に最も反対したが、再スタートを切ってからは彼を献身的にサポートするよう心がけていたのだ。そうすることで竹内の実力を見てみたいという思いもあったし、インフラ構築という仕事の中で自分なりのベストを出したいという思いもあった。

ネットワークのサーバーをセットアップするにも、様々な技術的側面がある。園田はそれを踏まえたうえで、迅速に開発が進み、また公開後には円滑にサービスが提供できるようなインフラ設定を心がけた。目立たない仕事ではあるが、プロジェクトの土台を支える仕事にやりがいを感じてもいた。

「園田さん、テストチームの仕事に加えてインフラ全般を引き受けてるのって、つらくない？」

あるとき、テストチームの相棒でもある佐藤が尋ねてきた。園田を気遣ってくれての質問だったが、園田は首を横に振った。

「大丈夫ですよ。これはこれで面白いし。みんなも、それぞれの持ち場でがんばってるしね」

実際、園田がいつでもソフトウェアをリリースできる状態を整えておけば、竹内が目を見張るようなスピードで見事に組まれたプログラムを見せてくれる。その価値が誰よりもわかる園田だからこそ、インフラ整備の仕事の面白さを味わうことも、責任感を持って取り組むこともできた。

そして、そうやって園田が整えたインフラ環境があったからこそ、竹内の驚異的なスピードに皆がついていくことができた。ビズリーチ・タイムが白熱すればするほど、それを支える裏方仕事でも充実感を味わえたのである。

システム開発にまつわるメールの応酬は明け方まで続いた。そして朝の5時台になると、誰かが「おやすみ」という文面をメールに書き加える。いくら熱中しているとはいえ、本業のあるメンバーたちはいつまでも働き続けるわけにはいかないので、その頃を目処に仕事に区切りがつけられたのである。

そして「おやすみ」という言葉が交わされた後になると、熱い応酬には参加していなかった南からのメールが全員に届いた。

「今日もありがとう。お疲れ様でした」

それがビズリーチ・タイムの終わる合図だった。仲間たちは、ようやく開発現場の熱気から離れて短い眠りにつくのだった。

## 自分にできることは何か――ヘッドハンター150人との真剣勝負

仲間たちがビズリーチ・タイムで怒涛のシステム開発を進めていた頃、南壮一郎はその作業とは一歩距離を置いていた。

口出し禁止を守っていたせいもあったが、昔の南であれば、それでも割って入ってあれこれ口出ししていたことだろう。それを我慢できたのは、心の底から信頼できる仲間がいることで、自分の役割に集中することの重要性を学んだおかげだった。

システム開発は仲間に任せる。自分は営業活動に専念する。

言葉にしてしまえば単純なことだ。しかし、その意識を保ち続け、日々の行動に反映させていくとなると簡単なことではない。頼もしい仲間たちが夜中にがんばっている姿があったからこそ、南も自分の持ち場に全力を注ぐことができた。

仲間たちが働いているビズリーチ・タイムには、翌日に備えた資料づくりや今後の営業先のリストアップを行うように心がけた。そして昼になると、ヘッドハンターを50人集めるという目標に向けて人材業界の人々に会って回るのだ。まだ肝心のサイトができていないので、ヘッドハンターに対してとにかくコンセプトや考え方をプレゼンして回る日々だった。

しかし、求職者課金型転職サイトという見たことも聞いたこともないサービスに、相変わらず疑問や否定の念を抱くヘッドハンターがほとんどだった。

「こんな聞いたことないアイデアは、絶対失敗するよ」

「個人からお金を取るモデルでうまくいくわけがない」

「聞こえはいいけど、絵に描いた餅だ」

人材業界の常識に照らせば、ビズリーチのコンセプトは非常識でしかない。そんな逆風状態は、この頃になっても相変わらずだった。しかしこれまでさんざん否定されてきたおかげで、南はすっかり打たれ強くなっていた。おまけに今は、内側から支えてくれるものもある。「夜中にがんばっている仲間たちの努力に比べたら、否定されるぐらいはなんともない」と、心から思えた。

何より、ビズリーチに集まった仲間たちの中で、こうして外を回って営業活動ができるのは、自分しかいないという想いがあった。そんな使命感が南を駆り立て、また頭に浮かぶ仲間たちの顔が南を支えていたのである。

夜中にビズリーチ・タイムが繰り広げられていた2か月間に、南は、テレアポなどを通じて150人以上のヘッドハンターとの面会を果たした。

「とにかく話だけでも聞いてください。必ず御社にとって有意義なご提案ができます」

と電話で食らいつきながらアポをとりつけ、当日は見せるサイトさえない中、自分たちが持つ業界に対する疑問点や問題意識、そして今後の事業展開などを必死でプレゼンした。

「力を貸していただけないでしょうか。登録だけでもお願いできないでしょうか」

と頭を下げて頼み込む。

なんとかみんなの力になりたかった。その想いをなんとか形にしようと必死で動き続けた。そうやって着々と目標に近づいていったのだった。

## 季節外れの「お年玉」

そんな南に、ある日嬉しいサプライズが待っていた。営業から戻ってきた南を待ち構えていたように、佐藤が声をかけてきたのだ。

「南さん、実はみんなからプレゼントがあるんだ」

「えっ、プレゼント？　何かあったっけ？」

クリスマスは過ぎたばかりだし、南の誕生日は6月である。特にプレゼントの時期ではない気がしたが、佐藤は気にもとめなかった。

「いいじゃない。ちょっと遅めのお年玉だよ。どうせ今夜もここで寝るんだろ？」

南はこのところ、オフィスの床に寝袋を敷いて寝ていた。短い睡眠をとった後は、近くのジムでシャワーを浴び、そのまま仕事に出るので、オフィス内のハンガーラックにはクリーニング屋から戻ってきたシャツやスーツが常備されているほどだった。

そのハンガーラックの陰から、永田や園田が何か取り出してきた。どうやら、昼間のうちにそこにプレゼントの包みを隠してあったらしい。

「中身が何か、確かめてみてよ」

促されるままに包みを開くと、中にはエアマットレスが入っていた。空気を入れて膨らませば、どこでも快適に眠れるというキャンプグッズである。

「寝袋の下にこれを敷いたほうが、寝心地がよくなるかと思って」

園田が言った。どうやら南に対してもインフラ整備の気配りを見せてくれたようだった。

「仕事のメールをやりとりしてるうちに、誰からともなくそういう話になったんだ」

佐藤が言った。南はお礼を言うのもそこそこに、そのマットレスを膨らませ始めた。

シングルベッドほどのサイズを小さな足踏みポンプで膨らませるので、すぐには終わらない。その間に永田が説明してくれた。

「みんなが毎日、クタクタになって帰ってきてからでもビズリーチのサイトづくりにとりかかれるのは、竹内さんの猛烈な勢いに引っ張られてるのもあるけど、日中に南さんがヘッドハンターの登録数を増やしてくれてることも大きいんだよ。だからこれは、そういう営業活動への応援の気持ち」

普段、社長としての南に高い要求をする永田から発せられた、感謝の言葉。南は思わず言葉が詰まりそうになった。

「……ありがとう。本当にありがとう」

南は何度も何度もお礼を言った。その間もポンプを踏み続けていた南を見かねたのか、途中から佐藤が代わってくれた。

やがてすっかり膨らんだマットレスを、南はつついて弾力を試した。

「最高だよ。これなら朝起きたときの背中の痛みがなくなるな」

やがてポンプが外され栓がされると、南はマットに飛び乗った。こうした光景がいつしか会社の創業伝説になるんだ――そんな予感が湧き上がってきた。

子どものように跳びはねてはしゃぐ姿を、仲間たちがあたたかく見守ってくれていた。

## 本当の「創業」の瞬間――ついにベータ版をリリース！

ビズリーチ・タイムでの猛烈な勢いの甲斐あって、再スタートしたシステム開発プロジェクトは本当に2か月で完了した。

完成したサイトは「ベータ版」と呼ばれるテスト版である。12月に捨てたサイトとは比べものにならない、はるかに優れた完動品である。そのベータ版の運用開始も2月14日と決まった。そう、ついにビズリーチのサービスが動き出すこととなったのだ。

2月14日、渋谷のワンルームマンションにビズリーチの仲間たちが集まった。皆で集まって喜びを分かち合うのとともに、ベータ版の運用開始の、ささやかな儀式を取り行うためである。

「3、2、1……」

南が、いささか大げさな口調でカウントダウンを行った。最後のひと声は皆で声を合わせた。

「オープン！」

運用を開始するためのスイッチが押された。キーボードのエンターキーに指を載せていたのは、竹内・園田・佐藤・永田といった開発チームの面々である。

南は、みんなの輪から少し離れたところで、その光景を見ていた。こんな記念すべきイベントだと真っ先に前に出たがる性格の南だったが、このときばかりは開発チームが押すべきだと思えた。そしてその光景をじっくり見つめていたかった。

ただ単に、スイッチを一つ押す行為ではある。しかしそれは、開発プロジェクトが一歩前進したことを意味していた。ビズリーチの旗印のもとに集まった仲間たちの力が見事に機能したことの象徴でもあったのだ。

誰かが誰かを管理したり、上意下達の命令で動いたりする「組織」ではなく、互いが主体的に動き、お互いを刺激し、補完し合える「仲間」。その仲間の力で、不可能と思えたことを成し遂げた。南にとって、仲間たちがスイッチを押した瞬間こそが、本当の意味での「創業」だったのである。

開発プロジェクトに関わった誰もが、1日3時間も寝ないような生活を続けた2か月間だった。それをねぎらうため、南は慰労パーティーを開くことにした。美味しいと評判の赤坂の焼肉屋に、メンバーだけではなく、草ベンチャーで関わってくれた人やその家族やパートナーも呼んで、盛大に祝い明かしたのである。

## 田澤に訪れた閃き——仲間のがんばりが、アイデアを生む

広報のプロ、田澤玲子は、そのパーティーの場で決意を新たにしていた。

「みんながこんなにも想いを込めて作ったんだから、世の中の人に知ってもらわなきゃ！」

祝いの席で皆が口々に語る、ビズリーチ・タイムの過酷な開発のこと。それを聞くにつけ、自分もやらなくてはという想いが湧いてきた。開発を成功させた仲間たちの努力に見合うだけの成果を、広報の分野でも出したいと思えた。

「記者発表会をすれば、ある程度の数のメディアは来てくれる。でも、みんながこれだけ一生懸命に作った、世の中に絶対必要とされるサービス。一人でも多くの人に知ってもらうために、今の社会の時流を表すような象徴的なイベントが必要。そのイベントで、ビズリーチのサービスをアピールしたい」

仲間たちから伝わってきた熱い想いが、田澤の中で目標へと転化していった。これまで準備を進めてきたことを具体化する方針が固まった気がしていた。

ビズリーチに出入りするようになって以来、田澤は南とともに記者発表会に向けた話し

合いを続け、毎週土曜の正午からオフィスでブレストを行っていた。

「記者発表会に華を添えるような著名人を呼ぶのも一つの方法ですが、予算が……」

「リーマン・ブラザーズ関連で何かメディアが興味持ちそうなネタはないですか？」

「退職金のパッケージが話題になっていますが、データをまとめたら興味を持ってもらえるでしょうか」

南と田澤の議論は毎週数時間にも及んだ。そして、その内容を踏まえて翌週までにお互いの意見をさらにメールで交換する。これが、いつの間にか二人の日課になっていた。

課題は、どうすればテレビなどの映像メディアが扱いたがるニュースにできるか、ということだった。

ビズリーチはインターネットのサービスである。仮にテレビが取材するとなると、転職サイトの画面や、会員がパソコンに向かっている姿くらいしか撮影できない。それでは映像として動きが少なく、魅力に欠ける。だからテレビはなかなかインターネットサービスの取材に来ないし、放送に乗せないということになる。数々の企業の広報を手がけてきた田澤には、「攻める広報」の前に立ちはだかる「できない理由」については、いくらでもあることがわかっていた。

この課題について、田澤はあの焼肉パーティーの場でヒントをつかんだ気がした。みんなは盛大に盛り上がっている。誰もが完成を祝い、疲れを癒し、今後の希望を明るく語り合うような集まりだった。つらかった日々さえ笑い話のように語られ、仲間の結束を固める思い出になったのだ。

そんな中、南は参加者一人ひとり、そして家族の手を握り、「本当にありがとう」「いつもお世話になってます」と頭を下げて回っていた。宴席を順番に移動しながら、田澤のところまでやってきた。

「いやあ、玲子さん――」

南が口を開きかけたとき、田澤のほうから南の手をとった。

「ビズリーチでも、こういうパーティーを開きましょう！」

「えっ？」

「つらかったことまで希望に変わるような、そういう楽しいパーティーです。今の社会を表していて、ビズリーチのコンセプトをみんなに伝えられるような――テレビが取材したがる、取材せずにはいられないようなイベントを開くんです！」

「うん、やろう！」

南は笑顔でうなずいてくれた。しかしおそらく、喜びに浸りきった今の状態では田澤の話をちゃんと理解してはいないだろう。

いや、田澤自身も正確にはわかっていなかった。あるのはただ、こういう希望に満ちた集まりを共有したいという熱い想いだけだった。

そんな想い、漠然としたアイデアを、どうやったら実現できるのか。それを考え、最善を尽くすのが、田澤の目指す広報だった。

## ヒントは、リーマン・ショックの発信源に

ベータ版の運用が開始され、実際に会員たちがサイトを利用する中でさらに細かな修正が加えられていった。その作業を見守っていた南だったが、やがて仲間たちの総意をとりまとめて宣言した。

「グランドオープンは、4月14日にしよう」

ベータ版の公開からちょうど2か月後、2009年4月14日。新年度に入り、世の中が新たに動き出す時期でもある。その時期にグランドオープンとして正式に記者発表会を行い、大々的に世の中にアピールしようと決めたのだった。

記者発表に半信半疑の南は、この頃になってもまだメディアが来ないのではないか、といった不安を口にしていた。楽天イーグルス時代に嫌というほど味わった、メディアの注目を集める難しさは、まだ脳内にこびりついていたのである。

それは田澤のポジティブさや、ベータ版からさらに進化したシステムを作っていく開発チームの熱気をもってしても、なお払拭しきれないほど根深いものだった。帰国子女とし

てカナダから帰ってきたときに得た教訓「日本では、出る杭は打たれる」というのも、南の心の奥底でブレーキをかけていた、とも言える。

そんな弱気な南に対し、広報担当の田澤は、思わぬところから妙案を持ってきた。

他でもない、リーマン・ショックから次の一手のヒントを見つけたのだ。

「南さん、ピンクスリップ・パーティーをやりましょう！」

土曜日の正午、南国ふうの明るいワンピース姿でオフィスに現れた田澤は、「ウォールストリート・ジャーナル」のネット記事を見せてくれた。

「……ピンクスリップ？」

南は聞き違いかと思って聞き返した。ピンクスリップとは、解雇通知という意味のアメリカ英語である。解雇通知書が昔ピンク色の紙片だったことから転じて解雇そのものを指すようにもなっていて、日本語でいったら「リストラ」とか「クビ」とかいう意味合いに近い。そのパーティーと言われても、何のことだかにわかにはわからない。

田澤はにっこり笑い、パソコン画面に映るアメリカ最大の経済専門紙の記事を読むよう促した。

「この記事を見てください。私たちのお手本にできそうです」

そこに、「ピンクスリップ・パーティー」とはどういうものかが記されていた。

リーマン・ショックの発信源たるアメリカで、解雇通知書を受け取ったビジネスパーソンたちは「ピンクスリッパー」と呼ばれている。そのピンクスリッパーとヘッドハンター、そして企業の採用担当者がお洒落な酒場に集まり、失業の暗さを払拭するような陽気な情報交換会をやっているという記事だった。

「リーマン・ショックみたいに大変なことがあったのに、ウォールストリートじゃこんなことをやってるのか！」

南は、得意の英語力を生かして、何か補足的な情報がないかをネットで検索してみた。

「これいいかも。玲子さん、これ見てごらんよ」

南は、今見つけたアメリカのニュース番組の動画を指し示し、田澤と二人でその1分半の動画に見入った。

映し出されたのは、ニューヨークの、混み合って熱気にあふれるバーだった。陽気に談笑し合う人たちは、みんなピンク色のカクテルなどを手にしている。レポーターによると、アメリカでもリーマン・ショックの影響で多くの失業者が生まれており、外資系金融マンを中心とした高年収のビジネスパーソンの中にもピンクスリップを受け取った者が少なくなかったらしい。そして金融界の中心であるウォールストリートでは、そうした金融マンとヘッドハンターをマッチングするためのパーティーが盛んに行われているということだった。

解雇や失業という憂き目にあっても、暗い顔をせずに酒を片手に楽しみながら求職活動というのが、いかにもアメリカらしい発想だった。田澤玲子も、その陽気さにこそ活路を見いだしたのだった。

「もしもビズリーチが、こんな楽しいパーティーを――日本で初めてのピンクスリップ・パーティーを開催したら、どうなると思います？」

田澤が笑顔で尋ねてくる。南は思わず立ち上がった。

「玲子さん、これだよ！　これなら、メディアも絶対飛びつくし、現実の世界でビズリーチのコンセプトをみんなに伝えられるよ！」

南の脳裏に、焼肉パーティーのときに田澤に言われた言葉がよぎっていた。あのときは漠然としたアイデアにすぎなかったが、田澤はちゃんとそれを実現する方法を見つけてくれたのだ。

南一人だったら、きっと思いつかなかったアイデアだ。南はあらためて、広報のプロが仲間にいることの心強さを実感していた。

こうして、ようやく記者発表への不安を振り払う光明を見いだせたのである。

## ヒルズで「ピンクスリップ・パーティー」を!
## ——見つかった最後のピース

『リーマン・ショック後、外資系金融機関などのリストラが急増する中、ウォール街で人気の〝転活パーティー〟日本初開催!』

『日本初 年収1000万円以上に限定した会員制転職サイトがグランドオープン!』

田澤玲子は、そんな文章をプレスリリースに書きつづっていた。テレビ・新聞・雑誌といったマスメディアに、ピンクスリップ・パーティーの開催とビズリーチの転職サイト正式オープンを告知するためである。

ビズリーチのコンセプトは、年収1000万円以上の求人情報と管理職やグローバルに活躍する求職者をマッチングすることである。ピンクスリップ・パーティーは、そのコンセプトを目に見える形でメディアにアピールするのに絶好のイベントだった。

そこに来れば一流のヘッドハンターがいる。そして転職を希望するプロフェッショナルのビジネスパーソンがいる。それこそが、他の転職サイトとビズリーチが異なる最大のポイントだ。ピンクスリップ・パーティーの会場を見れば、それがひと目でわかるのである。

そんな文章をまとめている田澤に、南が後ろから声をかけてきた。

「せっかくだから、パーティー会場もどこか象徴的な場所にしたいよね。どっかないかな？」

その質問について考えたとき、田澤の頭にアイデアが閃いた。リーマン・ショックを受けて生まれたパーティーだ。日本で開催するのにふさわしい場所といったら、やはりリーマンの本拠地だろう。

「リーマン・ブラザーズの日本支社があったのって……どこでしたっけ？」

「……六本木ヒルズだ！」南は叫んだ。金融マン時代が脳裏によみがえる。「よし、あそこならたしか1階にバーがある。広さも十分だし、テレビカメラも入りやすい。何よりも、ヒルズの外観から入ってパーティーの様子を映してるテレビの映像が目に浮かぶよ！」

「レポーターが、『送別会が多く開かれたここヒルズのバーで、新たな出会いが始まろうとしています！』なんてね」

話はさらに盛り上がっていく。

「玲子さん、少し値が張るけど、記者発表会も思いきってヒルズ内の貸し会議室で開催してしまおう。そうすれば、パーティーだけじゃなくて、記者発表会にも来てくれるメディアが増えるんじゃないかな？　ここは勝負どころだと思うんだ」

「いいですね！　ぜひ、そうしましょう。そうすれば、パーティーとセットで記者発表会の内容も流してもらえますよね！」

日本初の個人課金型転職サイト、アメリカでも話題のピンクスリップ・パーティーの日本初上陸、リーマンが本拠地を構える六本木ヒルズ……。時流に乗ったキーワードが一つにつながっていく。

この瞬間、田澤はたくさんのメディアが集まっている記者発表会の様子がくっきりとイメージできた。

「これはもう絶対に成功します」

そう言ってにっこりと微笑んだ。


こうなったらもう、実現に向けて動き出さずにはいられない。

二人は早速、六本木ヒルズ内の貸し会議室を記者発表の会場として押さえた。そして1階のバーも無事に予約できた。

これで、場所の確保は万全だ。ただし問題は、その場所に集まる人数だった。

「会場のキャパからいって、最低１００人は来てもらわないと寂しく見えちゃいますよね」

「ヘッドハンターを30人、求職者を70人って感じかな……ドタキャンする人もいるだろうから、求職者のほうは１００人は呼んでおかないと」

「メディアは私ががんばって集めますけど、参加者は呼ぶ自信がないです……」

これまで強気の発言を繰り返してきた田澤だったが、もちろんすべてに確信を持てるわけではない。ベータ版を公開したとはいえ、まだ記者発表もしていないサービスである。プロのヘッドハンターや高年収の求職者を、それほど集められる保証はどこにもない。

しかし、そんな懸念を笑い飛ばしてくれたのは、南だった。

「何言ってんだよ。玲子さんがいなかったら、記者発表会をやろうなんて誰も考えもしなかったんだぜ？　玲子さんがいたから、ビズリーチは記者発表会をやるって決めて、みんなその成功を信じてくれてるんだ。今度は僕たちが、その信頼に応える番だし、絶対になんとかなるから。大丈夫、大丈夫」

とはいえ、田澤はヘッドハンターや求職者とのネットワークは持っていない。ピンクスリップ・パーティー開催までの限られた時間で人とメディアを集めるとなると、はたして間に合うのかが不安だった。

それを正直に打ち明けると、南はカレンダーを見つめてうなずいた。

「わかった。パーティー参加者は僕が責任を持って集めるよ。年収1000万円以上の求職者を100人、ヘッドハンターを30人。僕が必ず連れてくる。メディア対策は玲子さんに頼るしかないんだからさ。僕たちは、それぞれが得意分野で全力を尽くすってことにしよう」

田澤を励ます言葉の奥には、ビズリーチ・タイムのことがあるようだった。開発チームの快進撃が不可能と思えたスケジュールを達成したように、南と田澤の広報チームもここでがんばりを見せるときだった。

「……ビズリーチ・タイムのときのみんなのことを思ったら、不思議とやれそうな気がしてきますね」

田澤は微笑んだ。持ち前のポジティブ・シンキングが戻ってきたようだ。

「前に私、記者発表会を開けば記者の20人や30人は集まるって言ったんですもんね。ピンクスリップ・パーティーなんて目玉企画もできたんだし、取材陣50人を目標にがんばってみます！」

心配ごとばかり並べている場合ではない。無理を通して不可能を実現した仲間たちの存在が、不安を吹き飛ばしてくれたのだった。

Lesson7

# 仲間に背中を預けて、最強のチームへ——なぜ、「任せ合えるチーム」が成長するのか？

## ▼できないことを認め、100パーセント任せてみる

2か月でベータ版公開。

期限を切り、再び走り始めたプロジェクトは、驚くべきスピードで進んでいった。この驚くべき変化は、仲間全員が自らの役割と結果に全面的にコミットしたからこその「覚悟」が生まれたことによるところが大きい。

感覚的な話になってしまうが、僕の仕事感は「サークル」ではなく、「部活」に似ている部分があるのかもしれない。たとえば高校野球だと、夏の甲子園に行くチャンスは3回しかない。その3回で、結果を出さなければならない。できなければ、そこで終わり。全員が「甲子園」という目標に向かって、真摯に本気で取り組むことを覚悟しなければ、絶対に上達しないし、結果もついてこない。

僕らには、2か月しかなかった。そして、この1回きりのラストチャンスだった。なぜなら、これでうまくいかなければ、僕はもうやめるつもりだったのだから。

期限を切ることで生まれる覚悟は、自分と真摯に向き合うことを要求する。それは、自分にはできないことを認めていくことでもあり、認めることで自分が得意な

ものにフォーカスしていくことでもあるのだ。

## ▼任せることは、「あきらめる」ことではない

自分にできないことを認めるのは、難しい。だが気をつけてほしいのは、これはできないことを「あきらめる」というのとは、まったく違うことだ。

できないことを認めることで、それに関して得意な仲間の存在が見えてくる。さらに、自分の強みが冷静に見えてくる。得意なことがない人なんて、いない。誰にも負けないという部分を自分の中で確立すれば、それ以外の部分はそれが得意な人にやってもらおう、と思えるようになる。

「自分にはできないことがある。だけど、この部分なら誰にも負けない」
「だから、できないことは、それが得意な仲間に任せよう」

こうして、仲間と「任せ合う」関係に至ることができるのだ。

覚悟を決める。できないことを認める。仲間にはない、自分の強みにフォーカスする。これらはすべてつながっている。そして任せ合える関係は、仲間みんなが最高のパフォーマンスをすることにつながっていくのだ。

る。

## ▼自らの「60度」に全力を——最強のチームづくりの条件

自分の背中を任せ合える関係性は、最強のチームのあり方にも通じるところがあ

特にベンチャーは生きるか死ぬかの覚悟でやるものだと考えている僕としては、毎日がある種の「戦争」のような状態だと思っている。いつ、どこで、どのように攻撃されるかわからない——生き残っていくためには、自分の背中を任せられる人間がいることが必須だ。

一度に見てとれる自分の視界はおそらく90度もなく、だいたい60度くらいだろう。３６０度、どこから敵が攻めてくるかわからないときに、自分の見える範囲で——自分の持ち場に集中して——全力を尽くすには、自分の背中を１００パーセント任せなければならない。

だから、任せたことには口出ししてはならない。というか、口出ししている暇があるなら、自分が任せられた60度を、仲間のためにも全力でやりきることだ。

この60度というたとえは、僕にとっては非常に示唆的だ。なぜならビズリーチの創業メンバーは、佐藤、永田、田澤、竹内、園田、そして僕の六人。それぞれが自分の60度に全力を投じることで、３６０度となるのだから。

## ▼「何をやるか」より「誰とやるか」

「この会社で、一番インターネットのことがわかっていないのは僕なんです」

驚かれることも多いが、僕が自分のこと、そしてビズリーチという会社のことを話すときに必ずと言っていいほど使うのがこの言葉だ。

ビズリーチ・タイムで得た経験を通して、「やればなんでもできるんだ」という僕のくだらないプライドが崩れ去ったとはいえ、ここまで大きくマインドを変えることができたのはなぜなのか。言い換えれば、ビズリーチという会社の事業の根幹である「インターネット」について、なぜここまで仲間に任せられるようになったのか。

結論から言えば、

「何をやるかより、誰とやるかが重要である」

というシンプルだけど強力な真理に気づいた、いや気づかざるを得ない立場に追い込まれたからだ。

永田、そして竹内と出会い、「ビズリーチ・タイム」で味わった無力感によって、自分ができることとできないことに向き合った。その結果わかったのは、この事業をやるうえで一番重要な「ウェブサービスを作る、もしくは運用する」という部分について、僕はまったく価値を持っていないことだった。

「自分にできないことができる人が、自分にとってすごい人だ」

という信念も、この頃にははっきりと言語化できるようになったのを覚えている。

さらには言語化できて初めて、佐藤の強み「仕組み化」が見えてくるようになったのだ。

「誰とやるか」が重要だと気づいたとき、僕の意識は個人スポーツからチームスポーツへと切り替わった。

極端なビジネスモデル偏重型だった考え方は、今や、

「最初に優秀な人を集めよう。優秀な仲間を集めてからビジネスモデルを考えるほうがいいと思わない？」

と人に勧めるまでになっている。

仲間づくりのステップ〈7〉

## 仲間と任せ合って、最強のチームへ

◎あなたにできないことを得意としている仲間はいないだろうか？　もし、いるのにもかかわらず自分でやろうとしたり、口出ししたりしようとしているのなら、すぐにやめて、任せてみよう。

◎仲間にはなくて、あなたにはある「強み」は何だろうか？　この部分なら誰にも負けない、そう思える分野に集中して、仲間に「背中を預ける」ことで、プロジェクトは加速度的に進むだろう。

◎仲間と言えども、なあなあの関係では前へ進まない。期限を切ることは、結果へのコミットメントと、そのための覚悟を生む。さらには得意なことにフォーカスせざるを得ない状況を提供してくれるため、チームとしてまとまりやすくなる。

◎ビジネスモデル、すなわち「何をやるか」にばかりにこだわっていないだろうか？　それよりも「誰とやるか」を意識して、夢への最短距離を計算しなおしてみよう。

第 8 章

# 仲間とともに、次の夢へ

――約束を果たし、
みんなで喜びを分かち合う

## 決戦前夜——やれることはすべてやった

２００９年４月14日、早朝。

人生最大の勝負を控えた南は、寝つけずにいた。

「無名のベンチャー企業の記者発表会に、本当にメディアが来てくれるのか……？」

頭の中では、12時間後のプレゼン内容を何度もシミュレーションしていた。子どもの頃からあがり症の南にとって、これが唯一、不安を払拭できる方法だった。

シミュレーションしながらも、南の脳裏には「ビズリーチをやろう」と決めてからの12か月間の出来事が繰り返し頭をよぎっていた。バグだらけのサイトを見て、もうやめようと何度も思ったこと。１００人以上のエンジニアに会っては断られ続けた毎日。心から信頼する仲間との出会い。そしてまるで魔法のようにサイトが完成に近づいていったビズリーチ・タイム。

南自身も、自らの役割、ヘッドハンター50人のサイト登録という目標に向け、やるだけのことはやったはずだ。昨日までに会ったヘッドハンターはその何倍もの数に達していた。そして体重は10キロ以上減った。日々の激務のせいもあるが、睡眠不足が続く毎日の中、食事を取ると眠気に襲われるので、食事をするのは朝起きた最初だけにしていた。

また、南の力を超えた幸運にも恵まれた。経済・金融情報の世界的大手のブルームバーグ社がピンクスリップ・パーティーに興味を持ち、リーマン・ショック後の日本の転職市場について取材に来たのだ。去年の秋には逆風としてビズリーチを崖っぷちに追い込んだリーマン・ショックが、ここにきて追い風に変わっていたのである。

ブルームバーグの記事はグランドオープンの6日前に配信された。その ニュースは、当日のブルームバーグの中で、最も見られた記事となった。さらに英訳された記事は、アメリカからスイス、アルゼンチン、チリ、エクアドルのニュースサイトでも掲載された——世界中にビズリーチの取り組みが紹介されたのである。

その効果は絶大だった。海外の反応に触発されて国内のマスメディアからも取材の問い合わせが相次ぎ、記事を見た外資系金融マンやヘッドハンターが爆発的にビズリーチのサイトに集まり始めたのだ。ピンクスリップ・パーティーへの応募は、この3日間だけで新たに100名近くあり、定員を大きく上回った。

広報担当の田澤玲子も、メディア向けの案内状でこの追い風を利用した。リーマン・ショック後の社会情勢を踏まえ、今だからこそ必要なウェブサービスであり、そのインターネット上の活動を現実世界で形にしたパーティーを開催するとアピールしたのだ。「婚活」という言葉が流行語になりつつあるのを踏まえ、ピンクスリップ・パーティーを「転活パーティー」と和訳し、「転職希望者とヘッドハンターのお見合いパーティー」と説明するキャッチコピーをつけるなど、記者たちが取材したくなる情報が満載されたプレスリリースがマスコミ各社に届けられていた。

それでも、今日開かれる記者発表やピンクスリップ・パーティーがうまくいく保証にはならない。記者発表会では、社長である自分が仲間全員を代表して舞台にあがる。12月に再スタートを切ってから、仲間たちが体力と睡眠時間を削り、死力を尽くして戦ってきた4か月半が、南壮一郎に託されるのだ。失敗は許されなかった。

浅く短い眠りの後で朝がきた。朝8時きっかりに、佐藤和男が電話をかけてきた。

「和男、おはよう。睡眠？　バッチリだよ。この1年で一番よく寝たね」

嘘をついた。せいぜい1時間程度しか眠れなかったなどと言って、佐藤に心配をかけたくなかったからである。

## いざ、記者発表会へ——仲間がいるから、一歩を踏み出せる

午後5時25分、六本木ヒルズ49階の貸し会議室。

ビズリーチは、記者発表会用に48人規模の部屋を借りていた。広報担当の田澤玲子はもっと広い部屋にしようと考えたが、もしもメディアの集まりが悪かったらみすぼらしく見えるという理由で少し控えめにしたのだ。前向きな性格な田澤にとっても、今回の記者

発表会はどう転ぶか予想がつかない一か八かの勝負だった。

本番直前、南は控え室を抜け出し、会場をこっそり覗き込んだ。そして思わずその光景に目を疑った。

「――申し訳ありませんが、本日は満席となっておりますので、奥から詰めてお座りください！」

田澤玲子が大きく声をあげている。記者発表会の責任者として、会場整理に大忙しのようだ。

記者発表会には70人に迫る数の報道陣が集まっていた。会場後方にはテレビ各局のカメラが7台も並んでいる。以前取材に来たブルームバーグの記者もいた。

会場は文字通りごった返している。もしも集まりが悪かったら、などと心配していた自分が恥ずかしくなるほどだ。

実際、無名のベンチャー企業の記者発表に、これほどの記者が集まるとは予想できなかった。想像をはるかに超える盛況ぶりに、人生で初めての記者発表会への緊張がさらに高まった。

そんな様子を察した佐藤が、南にそっと近づいてきた。

「珍しく緊張した顔してるね。今までの想い、そして僕たちの想いも全部ぶつけてきてよ！」

そう告げて、南の背中を思いきり叩く。励ますような、気合を入れるような一発だ。背中は痺れるほど痛かったが、南は心がふっと軽くなるのを感じた。

続いて永田も声をかけてきた。彼は記者発表で使う資料や会場で張り出すポスターといった印刷物の制作の他、この後のピンクスリップ・パーティーの会場運営も引き受けてくれていた。その合間を縫って、こちらの様子を見に来たらしい。

「後の準備は私が全部仕切っておくから任せておいて。その代わり、こっちはちゃんと成功させておいてね。これこそ、南さんにしかできない仕事なんだからさ」

永田はいつもの冷静な口調で告げた。南の顔を見て満足したのか、会議室の中は覗かずに去っていく。その背中が、「あとは任せた」と語っているようだ。南もその背中を見ながら、あらためて永田の存在を心強く感じた。

会議室に視線を移せば、田澤がてきぱきと報道陣に応対している。また竹内が、パソコンの操作やマイクの音声のテストを行っている。こちらも二人に任せておけば安心だった。

そんな彼らを見ているうちに、あらためて信じられない気持ちになった。ビズリーチを始めたとき、南はたった一人だった。そして、一人では決してここまで来られなかった。

南が描く世界を信じて加わってくれて、そのために死にものぐるいでがんばってくれた仲間。そんな彼らの覚悟があったからこそ、会社解散の危機を乗り越え、この場を迎えることができた。そして今、南ができることは一つ。仲間の期待に応えて、この記者発表会を成功させるのが南の仕事だった。

南は一瞬強く目を閉じた。南が会場入りして席につけば、それが始まりの合図だ。扉を開き、一歩踏み出した。途端に無数のフラッシュが瞬き、南の視界を真っ白にした。

田澤が落ち着いた声で記者発表会の開始を告げる。

南は報道陣に向かって語りかけた。

「皆様、本日は私どもビズリーチの記者発表会にお越しいただきまして、誠にありがとうございます。ただ今から1時間ほどお時間を頂戴し、年収1000万円以上の求人情報に特化した日本初の求職者課金型転職サイト『ビズリーチ』のグランドオープンの記者発表会を行わせていただきます」

## ビズリーチに込めた想いが人をつないだ瞬間

ビズリーチがメディアの注目を集めた理由は主に三つで、記者発表会の質疑応答でもそれにまつわる質問が南に向けられた。

第一に、求職者の登録条件は年収750万円以上であり、年収1000万円レベル以上の管理職や専門職、そしてグローバル人材向けの求人情報しか扱わないこと。年収750万円を超える給与所得者は、日本ではわずか13%程度と言われている。誰でも登録できるマス向けの転職サイトが世の常識とされている中、会員登録に年収制限を設けている転職サイトなどそれまでなかった。

第二に、一般の転職サイトとは異なり、日本で初めて求職者に課金する会員制サービスだということ。雑誌がコンテンツを編集して読者に有料で提供するように、ビズリーチは会員のために厳選された情報を集めて審査し、そして編集しているその価値に対して購読料を支払ってもらうという仕組みである。アメリカではすでに成功実績があったが、日本では大手人材会社でさえ踏み込んでいないビジネスモデルだった。

第三に、リーマン・ショックから半年が経ち、従来は安泰であった大企業の管理職クラスのサラリーマンでさえ、次々と職を失うような時代になったこと。この頃メディアでは「正社員切り」という言葉で騒がれていた。そういう時流の中ではビズリーチのような転職サイトが注目されるはずだと、メディアの側も考え始めていたのだった。

南は、「インターネットを活用して、世の中の問題を解決し、社会を変えていくようなサービスを創っていく。採用業界の歴史や価値観を変えてみたい」と自身の体験談も踏まえて語った。そしてビズリーチが提供するサービスの概要や、ビズリーチが世の中にもたらす価値のあり方を目に見える形で示して見せるのが、発表会に引き続いて会場を移して行われるピンクスリップ・パーティーなのだ、と。その言葉に刺激されたように、記者発表会の取材を終えた記者たちは六本木ヒルズの49階から1階のパーティー会場へ続々と移動していった。
『日本初のピンクスリップ・パーティーは、リーマン・ショックを象徴し、リーマン・ブラザーズの東京オフィスがあった六本木ヒルズ1階のスタンディング・バーで開催いたします。また、当日は、楽しみながら転職活動をするために、スペシャルカクテルも用意いたします』

事前にメディアに届けたプレスリリースには、そんな文章も記されていた。また、テレビニュースで報道されるには「絵」が大切だと考えた田澤の狙いもあって、アメリカのピンクスリップ・パーティーでおなじみとなっていた「ザ・ピンクスリップ」というピンク色のカクテルや、「アンエンプロイド・ブルー」という真っ青なカクテル、そして「ジョブハント・エナジー」という金色のカクテルが、華やかな照明の輝く会場をさらに彩る。提供されるアルコールのおかげで、会場にはリラックスした空気が漂い、参加者たちが気楽に語り合える雰囲気を演出していた。

集客を心配していたピンクスリップ・パーティーだったが、蓋を開けてみれば、大盛況だった。会場は、肩が触れ合うほど人が溢れかえり、熱気に包まれていたその中を、参加者の間を縫うように記者たちが動いて、インタビューのマイクを向ける。参加者たちも本音で応じてくれていた。

「様々な業種の人が来ているということなので、今までの自分の業種以外にも情報収集をして、視野を広げようと思って来ました」

「優秀なキャリアを持った方が一堂に会する場に来られることは、我々ヘッドハンターにとっても有益な情報交換になりますし、ありがたいです」

「世間的には不況ですが、弊社はすごく伸びているので優秀な人材を採用したいんですよ。特に今後の海外進出の準備を担当してくれるバイリンガルな人材を採用したいと思っています」

「もともとリーマン・ブラザーズで働いていました。これからも金融業界で働きたいですが、こういうご時世ですので、まずはネットワークづくりから始めています」

そんな一人ひとりの声は、ここまでがんばってきた仲間たちの成果であり、今後のビズリーチが進んでいく糧でもあった。記者発表では南が舞台に上がったが、このパーティーでの主役はお客様である求職者であり、その転職の鍵を握るヘッドハンターである。南も仲間たちとともに裏方に徹し、パーティーを実りあるものにするよう力を尽くしていった。

## 不意にこみ上げるもの、それは

記者発表会同様、パーティー会場にも予想をはるかに超える150人強の参加者やメディアが集まり、盛況のうちに幕を閉じた。

参加者の誰もが笑顔を浮かべ、自らの仕事に希望を抱きながら転職への道を探していた。この場でヘッドハンターとの話が進んだ求職者も少なくはないようだったし、後日面談の約束を取り付けていた参加者さえいた。ビズリーチの思い描くビジネスモデルが、目に見える形で実現していたのだ。

まさに田澤と南が話していた、今の社会とビズリーチのコンセプトを象徴するようなパーティーとして成功させることができた。その手ごたえが南を力づけ、これまでの疲れを吹き飛ばしてくれたようだった。

パーティーの熱気も冷めやらぬ中、参加者たちが明るい足取りで会場を後にしていく。

南が仲間たちとゆっくり言葉を交わせたのは、その会場の後片づけもひと段落した頃だった。

「みんな、本当にお疲れ様。そして、なんと言ったらいいんだろう。本当にありがとう……」

イベント終了後、創業メンバーの仲間たちや無償でイベント運営を手伝ってくれた友人たちに輪になってもらった。そして、一人ひとりの顔を見ながらお礼を言っているうちに、不意に涙がこみ上げてきた。

## 最高のとき――仲間と喜びを分かち合うこと

そんな南を見ながら、竹内真は驚きにも似た感慨を抱いていた。出会った頃の南からは、想像もできない姿だったからだ。

彼はこんなにも真剣にビズリーチや仲間のことを想っていたのだと、浮かんだ涙が語っている。日頃は自信満々のお調子者でやんちゃ坊主のように見える南が、抑えきれない感情を溢れさせたようだった。

文字通り身も細る想いでがんばってきた南の涙は、いくら言葉を並べるよりも雄弁だった。そんな南の姿を見た仲間たちの中には、もらい泣きしてしまっている者もいる。

思えば竹内自身、南の熱い想いに打たれてシステム開発を請け負ったのだった。ここに集まっている仲間も皆、そうやって様々な分野から南が探してきた者たちだ。南がいなかったらここにこうやって集まることもなかったのだと思うと、南が涙を流す気持ちもわかる気がした。

南と永田が肩を組み、喜びを分かち合っている。日頃クールな永田がそんなふうに感情を高ぶらせているのも意外だった。そして竹内の隣にいた園田剛史は、独り言のように呟いていた。

「南さん、すごいなー。3年後、僕は南さんと同じような仕事ができる気がしないよ」

園田は南より3歳年下である。一番後からこのプロジェクトに参加した園田には、これだけのことを成し遂げた南がふっと遠くの存在に思えたのかもしれない。

しかし竹内は、そんな呟きを漏らす園田の縁の下の活躍を誰よりもわかってるつもりだった。ソフトウェアに専念していた竹内にとって、園田がしっかりとハードウェア、ネットワークレベルでしっかり強固なセキュリティを構築してくれていたことは非常に心強く、個人情報を預かるビズリーチとしては、彼の仕事があったからこそ、安心して運用にこぎつけることができたのである。

「いいじゃないですか。園田さんには、南さんができない仕事ができるんだから」

開発チームで園田が果たした役割を、もしも南が務めていたらどうなっただろう。竹内は嫌になって下りていたかもしれないし、あんなに能率よく作業が進まなかったのは間違いない。南が南にしか果たせない役割を全うしたように、園田は園田の役割をしっかりと務め上げたのだ。

南は田澤玲子に握手を求め、田澤は明るい笑顔でそれに応えている。すぐ近くでは佐藤和男も満面の笑みをたたえている。

そして竹内と園田は、少し離れた場所で静かに言葉を交わしている。仕事の役割もいろいろあるように、喜びを分かち合うやり方も人それぞれだ。

いつか南は、24時間しかない1日が、仲間たちと一緒ならそれ以上のものにできると言っていた。あの再スタートの日から4か月半、確かに何倍もの意味のあるときを送れたように思えた。

## 歴史に残る1ページとは

帰宅した南は、すぐにテレビをつけてチャンネルを合わせた。——今日の記者発表会の模様を、テレビ東京の「ワールド・ビジネス・サテライト」が早速取り上げてくれると聞いていたからである。

「続いて、日本初の求職者課金型転職サイトの話題です」

そんな紹介の後、テレビに映った南壮一郎の顔は、鏡で見慣れた自分以上に痩せていて、しかも緊張で強張っているように見えた。しかし、そのやつれ具合や緊張具合のおかげでピンクスリップ・パーティーの映像の参加者たちの笑顔が生まれた。そう思えば疲れも吹っ飛ぶようだった。

そして南は、画面に時折映る顔も見逃さなかった。記者発表会やパーティーでは裏方であり、ニュース映像ではたまたま画面の端に映っているだけの存在だが、それは南にとってはかけがえのない仲間たちだった。

記者発表会に尻込みしていた南を「絶対に必要です!」と説得し、これだけのメディアを集める仕掛けを仕切った田澤。

崖っぷちから怒涛の開発を手掛け、サイト完成へと導いてくれた竹内。

その竹内に正面きって反対しながらも、その後は誰よりも献身的に支えてくれた園田。

そんな彼らのマネジメントを手掛けつつ、このビジネスは絶対に大丈夫だと南を励ましてくれた永田。

そして一番にビズリーチの旗印に賛同し、ずっと南のそばで支えてくれた佐藤。

彼らがいたから、この光景まで辿り着けた。まったくのゼロから、自分たちの力でビズリーチを創り上げてこられた。

もしもビズリーチのサービスが歴史を創っていけるなら、今日のこのイベントは間違いなくその1ページを飾るものになる。そこで仲間たちがどんな顔をしていたのか、南はあらためて脳裏に刻みつけようとしていた。

## どんな成長を目指すのか？

無事にグランドオープンを乗りきった後、南は仲間たちと一つの約束をした。

「グランドオープンから1年以内に資金調達をする」

今までビズリーチに力を尽くしてくれた仲間のために、今度はビズリーチから報いなくてはならない。草ベンチャーとして、ボランティアとして働いてくれた仲間たちに報いるには、彼らを正式に社員として迎え入れる体制を整えるのが肝心だ。そのためには、ベンチャーキャピタルをはじめあらゆる選択肢からの出資を検討したうえで、ビズリーチの成長資金を手に入れる必要があった。

しかし、金融マン時代にはベンチャー企業への投資経験もあった南には、グランドオープンの成功だけで資金調達に向かうのは危険だとわかっていた。ビズリーチに投資する側が南たちのビジネスモデルに自信を持たない限り、自らが描く中長期的な成長を実現するための必要金額を出資してもらえない。資金調達の前にやるべきことは、まず業界の誰もが否定をしたビズリーチのビジネスモデルで収益をあげられることを実証し、経営を軌道に乗せることだった。

その点は南と永田の間でも何度も話し合っていた。どのタイミングで、どのくらいの収益性を確保すれば、出資の話し合いが始められるのかという点はもちろん、どこでもいいから出資してほしいというのではなく、どこから出資を受けるのか、自分たちで選びたいという考えで一致していたのだ。

幸い、グランドオープン以降、ビズリーチの業績は順調に上向いていった。グランドオープンの4月14日までの2か月で登録をしてくれたのは600人ほどだったが、その後会員数は、4月のうちに1000人を超え、6月には2000人、7月には4000人を突破していた。社会的な注目も日に日に高まり、メディアの取材に対応してビズリーチについて語るというのも南の日常業務となりつつあった。

そうやってメディアに取り上げられる機会が増えるにつれ、いくつかの投資会社から面談の打診が来るようにもなっていた。しかし南の中には、グランドオープンから3か月のこの時期ではビズリーチの資金調達には早いという思いがあった。

仲間との約束の期限は1年。経営を安定させつつ、慎重に時期を見定めるのも経営者の役割だ。ビズリーチという船の舵取りに仲間たちの未来もかかっているのだと思うと、決断にも慎重にならざるを得なかった。

## 永田の不安をふりきったものは……？

同じ頃、ようやく「いけるかも」という思いを抱けるようになった男がいた。永田信である。

永田は仲間たちに対して、常々「ビズリーチは絶対うまくいく」と強く主張してきた。そのためにはこんな新たな仕組みを取り入れるといい、こうやって収益性を高めるべきだと日頃から周りに提案してきたのも永田だった。

しかし実のところ、「絶対うまくいく」という確信などはなかった。永田の胸の中にはずっと不安があったのだ。もし失敗したら、家族を養うために他の仕事を始めるという選択肢も常に頭に入れていたほどだ。

仲間たちに対して自信ありげにふるまっていたのは、それが最年長であり、インターネットビジネスの経験が一番長い自分の役割だからだった。南が成功に向かって突っ走り、佐藤がそれを信じてしっかり支え、田澤や竹内や園田といったスペシャリストが実現に向けて具体化していく中で、永田の役割は自信たっぷりに方針を示すこと、そしてありとあらゆることを想定して陰で密かに心配することだった。

また経験上、ネガティブな発言は、周りもネガティブにしてしまう。だから自分からは決して口には出さず、すべてポジティブに変換したうえで話す。

しかし見方を変えれば、不安があるから問題点を洗い出せる、とも言える。そして課題が見つかるから対策が立てられる。対策があるから不安を忘れられる。そうやって自分の中の不安を抑え込みながら、この1年近くの日々を送ってきた。

とはいえ、そんな不安を感じている永田には「絶対うまくいく」なんて言ってくれる人はいない。内心の不安は、常に膨らんでいっていた。

求職者がビズリーチのサービスに対してお金を支払ってくれるのか——永田には、まだその根本的なところを捉えきれていなかった。同時に、求職者がビズリーチのサービスに価値を感じてくれず利用料を支払ってくれなかったらビズリーチは終わりだとも思っていた。無論、そんな素振りは表に出さないように意識していたし、求職者が料金を支払ってでも使いたくなるような仕組みづくりに心を砕いたが、それでも実際の結果を見るまでは安心することができずにいた。

グランドオープンから3か月が経過して、ようやく経営が軌道に乗り始め、その数値が見えるようになってきた。多くの求職者がビズリーチのサービスに対価を払ってもいいと感じてくれていて、その人数は着々と増えている。この分だったら年内に1万人を超えるという予測も立った。そういう数字を前に、永田はやっと、「いけるかも」という実感を抱けたのである。

これまで、ビズリーチのオフィスにいる間、暇さえあれば売上管理画面を見ていた。有料サービスの購入件数と、売上が表示される画面である。

たくさんのメディア関係者が集まり、テレビにも紹介されたグランドオープンだったが、実は当日の売上はゼロだった。翌日になって初めて1件購入があり、みんなで大きな声をあげて喜んだ。しかし翌日には、またゼロに戻っていて、決して順風満帆な船出とはいえない状況だった。

そんな日々の中、永田はビズリーチのオフィスのトイレをまめに掃除することにしていた。特に信心深いほうではなかったが、風水思想の中で部屋の掃除、特にトイレは重要といわれていたからである。トイレを掃除する役割は家長が務めたほうがいいらしかったが、南は外回りに出ていることが多かったため、最年長の永田がその役を買って出たのである。

そしてあるとき、掃除をしたら売上が上がったことがあった。これは風水の御利益だということで、佐藤と園田もトイレ掃除に名乗りを上げてくれた。

「僕が掃除をして売上が上がるのであれば、何でもします！」

「よし、みんなで掃除だ！」

以来、「売上が停滞し始めたら掃除をする」という妙な習慣が社内に生まれ、仲間の間で掃除にあやかるブームが起きた。妙な迷信といってしまえばそれまでだが、掃除でオフィスがきれいになるのは悪いことではないし、そんな迷信にもすがりたい気持ちが誰の中にもあったのかもしれない。

そんな毎日のブームは一時期のもので終わったが、あるときから、掃除は誰かが率先して行うごく当たり前のことになった。永田には、それが不安の払拭された象徴のようにも思えるのだった。

## 竹内にかかってきた一本の電話

そして同じ頃、竹内真には不思議な電話がかかってきた。

日本最大のベンチャーキャピタルであるジャフコ社から、竹内がビズリーチとは別に個人経営している会社「レイハウオリ」に対して営業電話がかかってきたのだ。ジャフコは日本で最も歴史の長いベンチャーキャピタルであり、実績も、運営するファンドの資金規模も日本有数な会社であった。そのジャフコが、何らかの理由で竹内の会社に目をつけ、一度お会いしたいとオファーしてきたのだった。

しかしレイハウオリには、そもそもベンチャーキャピタルからの出資を求めるつもりもなかった。高い技術を若い人材に伝え、時間をかけて育てていくための会社であり、業界をひっくり返すようなビジネスモデルを展開しているわけでもない。むしろ、竹内自身のエンジニアとしてのスキルが最大の資本のような個人会社であって、ベンチャーキャピタルからの資金調達など必要なかったのだ。ジャフコから接触してくるような理由も思い当たらず、竹内はどう対応したものだろうと思っていたときに、なんとなく南に相談してみたのだった。

「確かに意図は直接聞いてみないとわかりませんね。でも面白そうだから一緒に行ってみましょうか」

南は気楽な口調でそう答えた。ビズリーチもまだ資金調達について議論する時期ではなかったが、せっかくの機会だから今後のつながりになればというのである。竹内にも異存はなく、二人でジャフコに向かって、流れによってはビズリーチの話をしておこうということになった。

ジャフコ本社は、東京駅八重洲口にある、歴史を感じる重厚なビルの中にあった。そこに乗り込んだ竹内と南を待っていたのは、営業電話をかけてきた若い担当者とオールバックで鋭い眼光を放つ藤井淳史部長代行だった。

聞けば、担当者が竹内の会社に接触してきたのは、その公式ウェブサイトの事業内容を見たからだったらしい。レイハウオリの事業内容として掲げていた文章に興味を持ってくれたというのだ。

そこにはこう書かれていた。

『音楽、娯楽など各種パッケージソフト（CD、DVD等）及び、デジタルコンテンツの企画、制作、販売』

しかし実のところ、この事業内容には実態はなかった。もともとミュージシャンだった竹内が、いつか音楽事業ができたらという願望を書いたものだったのだ。言ってみれば、夢を言葉にしていただけだった。

それが勘違いを生み、今回の対面につながった――笑い話にもできそうな展開だったが、これもインターネットがとりもつ縁である。竹内はレイハウオリに資金調達のニーズがないことをきちんと説明した後で、おもむろに切り出した。

「それよりも、聞いていただきたい話があるんです」

実はレイハウオリとは別に、ビズリーチという事業も手がけている。そう説明して、南に話を振った。

そこからの話については南の得意分野だ。南壮一郎の熱い想いが藤井部長代行を引き込んでいくのを、竹内は隣で見守っていた。

## ジャフコのアツい「男」――我々は、人に投資します

翌日、南の元に電話がかかってきた。

「南社長には、ぜひ私の上司に会っていただきたい」

昨日会ったばかりのジャフコの藤井だった。レイハウオリについては不首尾に終わった投資話だったが、その報告をしたところ、上司のほうでビズリーチに興味を持ち、一度会ってみたいというのだ。

現時点での投資は早いと判断していた南だったが、会っておいて損はないと考え、一週間後にビズリーチのオフィスに来てもらうことになった。

とはいえ、オフィスといっても古いワンルームマンションを改造した11坪の狭い部屋である。当然、応接室や会議室などあるわけもなく、普段自分たちが使っているパソコンが四つ並んだデスクの前に椅子を並べて、そこに座ってもらって話すことになった。

大手町に立派なオフィスを構えるジャフコとは大きな落差である。さぞ驚くだろうと

思ったが、相手は百戦錬磨のベンチャーキャピタルだけあってそんな様子はおくびにも出さなかった。

藤井が連れてきてくれたのは、40歳前後の渋澤祥行取締役だった。話してみると、ベンチャー投資への想いを非常に熱く語り、経営者の夢を何よりも大切にする熱血漢のようだった。そんな来客たちに向かって、南は2時間かけて、ビズリーチに賭ける自分の想いや事業がもたらす社会に対するミッション、そして誰もが挑戦したことのなかったビジネスモデルについて話していった。

話の中で最も力を込めたのは、ビズリーチの旗印のもと集まってきた仲間たちのことだった。ビズリーチの創業メンバーの多種多様なバックグランドや、個々の専門性と実績について、しっかりと話しておきたかったのだ。彼らがいるからこそビズリーチが今も存在するのである。

ただ、まだビズリーチは投資を受ける段階ではないし、現時点では資金ニーズがないということも真摯に伝えた。ギリギリのところまで、自分たちの資金だけで成長のシナリオを描き、今の体制とやり方で黒字までもっていきたいと思っていたからである。

それに、投資を受けるにしてもそれからのほうが条件交渉を有利に運べるという狙いもあった。渋澤もそのことを十分わかってくれて、話し終えた南にこう告げてくれた。

「ベンチャー投資というものは、不確定な情報の中、自分の直感を信じて決断をしなくてはなりません。だからこそ、最後に信じられるのは人です。そして投資というものは、男と男の間の契りみたいなものです。だから、ビジネスモデルも大切ですが、マネジメントチームに信頼がおけるかが、私が投資において最も大事にしている判断材料です。南社長がビズリーチ号に集めてこられた仲間の皆さんは本当に素晴らしい。私はこの船に一緒に乗って皆さんと同じ景色を見てみたいです。いつかニーズが出てきたら真っ先にご連絡ください」

「ありがとうございます。そのときが来たら必ずご連絡します」

南はそう言って、がっちり握手を交わした。

その約束が果たされたのは、それから半年ほど後のことである。

## 交わした約束を果たすために――VCから出資を引き出す

2009年11月。グランドオープンから半年が過ぎ、業績は右肩上がりに伸びていた。ビズリーチを通じて転職に成功した会員たちの喜びの声が日々届くようにもなっていた。

「ビズリーチはこれまでに見た転職サイトと違って私のキャリアに見合う求人情報が多く、ヘッドハンターのレスポンスも早かったため情報収集の中心になりました。おかげで自分の選択肢を広げることができ、新しい職場への転職が内定しました」

「これまでは縁遠かったヘッドハンターの方に出会い、自分の仕事に対する人生観を伝えたところ、想像すらしていなかったフィールドへ進むことになりました。自分の可能性に気づくことができて、人生が大きく変わりました」

「海外で勤務しながらの転職活動でずっと情報量が足りずに苦労していたのですが、ビズリーチを通じて国内外の選択肢を提供してもらえたおかげで、新しいチャンスと出会えました。電話やネットを通じて面接を行い、帰国後に最終面接です」

選択肢と可能性。南がビズリーチを創ろうと思った際に、「真」のお客様と位置づけた求職者に提供したかった価値である。それこそ、求職者であった自分自身が最も欲していたことだった。

さらにビズリーチを通じた転職成功事例はビズリーチのサイトに掲載され、新規会員の増加にもまたひと役買った。そんな幸福な連鎖が生まれ、会員数は8000人を超えて翌月には1万人に及ぼうという勢いだ。財務的にも、初めて単月黒字化することができた。

「ここだ。このタイミングだ」

資金調達に乗り出すときがきたようだった。南は仲間たちの協力を仰ぎながら出資資料をとりまとめ、ベンチャーキャピタル数社を回っていった。無論、そのうちの一つは渋澤のいるジャフコである。

ジャフコ以外のベンチャーキャピタルは、関心は持ってくれたが、求職者課金型のビジネスモデルに対して懐疑的だった。人材業界の関係者にヒアリングをしたところ、聞いた相手全員から同じ答えが返ってきたというのだった。

「そのビジネスモデルは絶対に成功しません」

南は驚かなかった。それが人材業界の常識だ。かつて南がビズリーチを旗揚げしようとしたときにも、まったく同じ反応にぶつかったものだった。

しかしビズリーチは、その常識を覆そうとしている。そのことを理解してくれたのが、ほかならぬジャフコだった。ジャフコの渋澤取締役は、南からしつこく頼むまでもなく、熱い言葉をかけてくれた。

「南さんと南さんの仲間に賭けたい。南さんの冒険の後ろ盾にならせてください」

実のところ、ジャフコでも人材業界へのヒアリングは行っていた。結果は他社と同じだったという。しかしそれでも、ジャフコはビズリーチの可能性に賭けてくれたのだった。

「契りというのは、男と男の約束と渋澤さんは以前おっしゃいましたよね。そして契りは双方で結ぶもの。渋澤さんが約束してくださった分、僕も約束します。ジャフコの皆さんには絶対後悔させません。投資に見合ったリターンを必ず出します。何が何でも結果を残します」

南はそう言って、再び堅い握手を交わした。

そのとき、南の胸によぎったのは、「これでようやく、自分も仲間たちに貢献できた」

という思いだった。

チームは約束を果たすことの連続で信頼を築き上げていく。南の信頼に応えてくれた仲間たちに、ようやく報いることができる。


ビズリーチのオフィスに戻ると、みんなが南の帰りを待っていた。

「渋澤さんと握手してきた」

南が告げると、「おー」と歓声が湧き上がった。そのひと言が、約束の果たされた証みたいなものだった。

「これで、これからもみんなとビズリーチを続けられるよ」

また一つ、ビズリーチの信頼関係を積み上げることができた——そう思う南は、喜びと同時にほっと緊張がゆるむような感覚を味わっていた。

## 決まった2億円の出資と、新たな夢「アジア進出」

細かな契約条件などを詰めていき、翌2010年2月にジャフコからの2億円の出資が実現した。

「資金調達を実現した今、仲間のみんなに納得してもらえる給与を支払い、正式なメンバーとして会社に受け入れたい」

とうとう、仲間との約束を果たすことができた。園田、永田、田澤、竹内と、正式に会社に迎え入れ、最低限のレベルであったが、彼らの能力に見合った待遇を保証できたのだ。振り返れば、楽天イーグルスを退社してから3年が過ぎている。たった一人で行った会社登記から始めたビズリーチも、多くの仲間に恵まれてここまで来ることができた。

しかし、ここが最終目的地ではない。南にとっては、むしろスタートラインにも思えた。優秀な仲間と出会い、信頼し合えるチームとなり、ようやく会社として動き出すことができた。だが肝心なのは、ここから仲間とともに何をやるか、ということだった。

2010年7月、ビズリーチは「ヘッドハンター・サミット2010」を開催した。ビズリーチの登録ヘッドハンターを中心に、各業界を代表する約100名のヘッドハンターが一堂に会し、会員の投票などに基づいて「日本ヘッドハンター大賞」を授与するというイベントだ。優秀なヘッドハンターをビジネスパーソンや企業の人事・採用担当者に広く知ってもらうことで、人材紹介の世界に光を当て、さらに活性化することを目的とした試みだった。

この頃になると、南は「次」を考え始めていた。今のポジションに安住して目先のことしかやらなくなると、自分の限界の範囲内でしか動けなくなる。ビズリーチは、ただ単純に優秀なビジネスプロフェッショナルとヘッドハンターをつなぐ市場を運営することが目的ではない。この事業を通じて、日本の人材業界全体を活性化して、業界の歴史に残る新しい価値観を創ることを目指しているのだった。そしてその先に見据えているのは、創業時からのビズリーチの理念の一つ――日本人にもっと世界で働く選択肢を用意することだった。

経営者の役割は、常に半歩先にいてゼロからの種まきをすることだ。そして南の専門は何かといえば、新しい事業を立ち上げることにほかならない。特にベンチャー企業にとって何が重要かといえば、他の誰もやったことのないもの、常識や業界の半歩先のものをやってのけることだ。ビズリーチという、日本初の新しい価値観に基づくサービスを作り上げ、運営体制が整ったからには、次に目指すのは世界だった。

翌2011年5月には、第2回目の日本ヘッドハンター・サミットが開催された。授賞式もつつがなく進み、南は最後の挨拶をするために金屏風の前に立った。

「皆様、本日はお集まりいただき、どうもありがとうございます。皆様のおかげで、ビズリーチの会員数は6万人を超え、ヘッドハンターの皆様のご登録は500人を超えました」

あらかじめ用意された原稿に沿っての挨拶だったが、来場者の顔や仲間の顔を見ているうちに、南の中で熱い想いが膨らんできた。この場であれば、かねてからの構想を披露するのにちょうどいい。

「私たちは、創業当時から三つの理念を掲げています。

一つ目は、『求職者を真のお客様にしよう』

我々は、日々求職者のために、求人情報を徹底的に集め、審査し、そして探しやすくする仕組みを作ってきました。そんな我々の活動に価値を感じていただき、ビズリーチに対して利用料をお支払いいただくからこそ、求職者を真のお客様と呼べるのだと思います。

二つ目は、『企業に採用力を取り戻そう』

この事業を始めるにあたって、世界の採用業界と比べていかに日本が遅れているかを痛感しました。激化するグローバル化の中、人材の獲得戦争に取り残される日本の採用の世界観を変えてみたい。企業が主体性を持って自らの力で採用を行えるようなダイレクト・リクルーティングの考え方を日本の人材業界の新たな価値として根づかせたい。

三つ目は、『日本人に海外で働く選択肢を提供しよう』

僕たちの世代が、世界で働くことは素晴らしい、という価値観を創り出すことによって、次世代の若者たちの活躍の場を広げたい。ビズリーチとしては、この三つ目の理念の実現のため、未知なる次の挑戦を僕たち自身も始めたいと思います。

そのために、僕たちは1年以内にアジアへ進出します。

ビズリーチはこれからも、皆様と一緒に進化していきます。今後もどうぞよろしくお願いいたします！」

## そして、仲間とともに次の冒険へ

世界に打って出ることは、以前からの目標ではあった。しかし、その場で「1年以内」と発表することなど、原稿に書かれていたわけでもなければ、立ち上げ時からの仲間でさえ聞いていていなかった。

大勢の関係者を集め、マスコミの取材も入っている中での、予定外の発表である。集まったヘッドハンターも驚いていたが、ビズリーチの仲間たちのほうがもっとざわついているようだった。

そんな中、南は会場にいる創業メンバーの顔を眺めていった。

挨拶の原稿を書いた佐藤和男は、「また勝手なことを言って！」というような顔だったが、やさしい笑顔で南を見つめている。

永田信を見ると、その目が笑っている。「あ〜あ、言っちゃった」と呆れながらも、会場の誰よりもワクワクした表情だ。

田澤玲子も笑っていたが、すぐに取材陣のほうへ視線を走らせて、この後のプレス対応を必死に考えているようだ。

竹内真の静かな微笑は「ほんとう、相変わらず突然だなぁ」といった顔だが、その驚きを楽しんでいるようにも見える。

園田剛史も笑顔だ。かつてのようにリスクを感じて躊躇するのではなく、この新たな冒険を楽しみにしてくれているようだ。

心強い仲間たちだ。彼らがいるから、南も次の一歩を踏み出せる。夢に向かっての挑戦を続けられる。自分はもう一人じゃないんだ。みんなと一緒なら、どんなことでもできる――そんな満ち足りた瞬間だった。

パーティー終了後、全員でヘッドハンター一人ひとりに感謝の気持ちを伝えながら見送った。最後の一人が帰った後、会場のドアを閉めて、残っていたビールを全員で注ぎ合った。

「では、南さんからひと言お願いします」

誰かが声をあげた。南から何か言ってもらわなければ、という雰囲気だった。

南はビールを片手に語り始めた。

「今日はお疲れ様でした。『1年以内に』と具体的にみんなの前でちゃんと宣言したことに、びっくりしたと思うけれど、僕たちがまず世界を目指さないで、サービスを利用してくださっているお客様に『世界を目指してください』なんて言えない。僕たちはまだ創業2年目の小さな会社だけれど、怖がらずにまずは僕たちが世界を目指そう。これから困難や大きな失敗もあるかもしれない。だけど、その荒波にもまれてこそ、見たこともない世界に辿り着けると思うんだ。みんなはこの船に乗ったんだよね。だから、僕はみんなと一緒に世界を目指し、そして何よりも僕たちらしい歴史を創ってみたい。ビズリーチの新しい冒険、そして前途を祝って――」

「乾杯！」

仲間たちから声があがった。それがビズリーチの、次の冒険への出航の合図だった。

# エピローグ
## 最高の仲間と、歴史を創ろう！

２０１２年10月17日。

僕らはビズリーチのアジア版「RegionUP」（リージョン・アップ）をグランドオープンした。

ビズリーチの求職者課金型の転職サイトというコンセプトはもちろんそのままで、アジア中で活躍する管理職・専門職のビジネスパーソンと、アジアで商売を展開するグローバル企業やヘッドハンターをつなぐインターネット上の転職プラットフォームだ。アジア全域を対象にした求職者課金型の転職サイトは、アジア初である。拠点を設けたのはシンガポール。「日本人にも海外で働く選択肢と可能性を示す」ため、まず僕らが海外へ乗り出していく、その最初の一歩となった瞬間だ。

新たな仲間も続々と加わり、ビズリーチは6か国１５０人の仲間が働くグローバルなチームへと成長しつつある。

そして、そのチームの中核には、創業メンバーである佐藤、永田、田澤、竹内、園田がいる。彼らがいることで、アジアに打って出る際も自らの役割に専念することができた。

シンガポール、香港、上海、クアラルンプール、バンコク、マニラ……と、アジア各国を渡り歩き、ときにノーアポで企業を訪問したり、またあるときはヘッドハンターが集まるバーで待ち伏せしたりして、200人以上のヘッドハンターや人事担当者に接触し、ニーズを聞き出し、自分たちの新しいサービスを売り込んだのだ。

そこには、何でも自分一人でしなければ、と思う僕はもういない。

「できないことは、仲間に任せる」

「だから、自分にできることを120パーセントの力でやりきる」

こう思えるから、「RegionUP」の立ち上げの苦労もトラブルも乗り越えることができたし、これからも乗り越えていけるだろう。

「ビズリーチ」という旗印を掲げ、仲間とともに突き進む大冒険は、今後も続いていくのだ。

今思うと、事業づくりとは、まさに「仲間探し」なのだ、と気づかされる。

人生のページは、何もしなくても1ページ、また1ページと勝手にめくられていく。昨日の1ページは、もう終わっている。学生時代は勝手にページがめくられていって、勝手にページが進んでいき、なんとなくストーリーはできていく。

だが、自分たちでやる事業づくりは自分たちでストーリーを作らなければならないし、作っていくことができる。自分たちで仲間を探して、自分たちで仲間を選べる。その一人ひとりの登場人物にストーリーがある。そこにあるのは、人間そのものだ。だから、事業を創っていくことは、仲間探しの旅にほかならない。

そうして加わってくれた仲間とともに、僕は「歴史」を創っていきたい。歴史とは、業界に刻まれる歴史でもあり、会社としての歴史でもあり、そして一緒に働くみんなの記憶に刻み込まれる人生の歴史でもある。仕事を通して得た経験が、仲間たちの記憶に最高の思い出として残ることほど、嬉しいことはない。

「何をするか」「何をしたいか」は、そのまま「誰と一緒にするか」につながっているのだ。

今後も仲間のために、仲間とともに、歩み続ける。新しい歴史を創るために。

2013年3月

南 壮一郎

# 謝辞――出会った人すべてに感謝を

本書が誕生するまでのすべての時期を、僕は素晴らしい先輩、仲間に恵まれて、ここまで歩んでくることができた。これらの人から学び、手を差し伸べてもらわなかったら、今の僕は存在しないだろう。

本書の編集を担当してくれたダイヤモンド社の廣畑達也さん、僕のドタバタ劇を素晴らしいストーリーとして文章化してくださった甲町岳人さん。

ビズリーチの仲間たち。佐藤和男さん、園田剛史さん、永田信さん、竹内真さん、田澤玲子さん、鈴木康弘さん、山本千里さん、佐々木奈央さん、小泉圭右さん、中津山亜耶さん、池野広一さん、庄子孝善さん、坂本猛さん、青山弘幸さん、小笠原大輔さん、竹内志寿栄さん、中嶋孝昌さん、加瀬澤良年さん、相原佑紀さん、西山創さん、喜多哲也さん、北野良祐さん、浅井野衣さん、砂田侑希さん、小倉啓太さん、前田洋平さん、長谷部学さん、岩見直樹さん、Jessop Petroskiさん、Jacob Catesさん、多田洋祐さん、磯谷薫さん、関哲さん、田頭寛子さん、伊藤善允さん、與島広幸さん、堀健児さん、松本学さん、甫守美沙さん、牧野紗依さん、野間光沖さん、Khoo Wei Renさん、Novelyn Gerraさん、雨宮秀樹さん、佐藤潤さん、葛原豊さん、高橋裕さん、川上史幸さん、國分佑太さん、Ignatius Lokさん、Alan Ongさん、Jamie Awさん、久保雅彦さん、澤田千紘さん、高橋祐大さん、河内浩貴さん、山本雄二さん、藤沢真聖さん、後藤哲侍さん、川島由希子さん、北川至さん、栗生佳典さん、芹沢和洋さん、山岡絵美里さん、木村大介さん、寛司絢子さん、田中佑輝さん、田村朋美さん、額賀智史さん、品川美紀さん、井澤梓さん、趙南薫さん、千葉重文さん、笹川洋さん、諏訪間佑輔さん、酒巻真由美さん、近松美奈さん、本間恵さん、佐藤由紀子さん、豊田直紀さん、石本忠次さん、堤克靖さん、柳下優介さん、小金澤未菜子さん、伊藤真さん、宮坂方子さんをはじめ、ビズリーチのすべての仲間たち。

ルクサの仲間たち。

村田聡さん、松本淳さん、新津俊之さん、内田隆太さん、今前田英介さん、北川公洋さん、土井隆さん、野嵜智子さん、小澤泰治さん、伊藤真拓さん、吉田睦美さん、牧野治さん、金子利香さん、依田直子さん、飛田明子さん、中村和香子さん、瀬尾萌さん、徳原ちひろさん、佐藤陽子さん、奥村真也さん、手島弘晃さん、藤井香介さん、前田錬さん、田嶋吉子さん、高橋和輝さん、末広潤一郎さん、伊津野豊志さん、青木成美さん、金澤真由子さん、菊池佑馬さん、吉田剛さん、渡邉雅子さん、谷脇良也さん、井上智代さん、花野陽子さん、鎌田俊行さん、川口早喜さん、後藤知宏さん、高橋洋介さん、速川精一さん、舟木龍二さん、川﨑拓磨さん、横道千鶴さん、中村真さん、三宅正さん、室岡さおりさん、亀山俊昭さんをはじめ、ルクサのすべての仲間たち。

ビズリーチとルクサの立ち上げの際にお世話になった方々、今もお世話になっている方々。

豊貴伸一さん、大浦善光さん、渋澤祥行さん、布袋田紀子さん、藤井淳史さん、重原圭さん、堀内和さん、荻島範子さん、石渡進介さん、笠松航平さん、吉田武彦さん、鬼石真裕さん、米山諒さん、澤円さん、澤奈緒さん、秋山卓哉さん、江口一樹さん、藤田健太さん、平山剛さん、秋山剛さん、河合聡一郎さん、杉山純一さん、吉田直史さん、渡邊純さん、けんすう、船木信宏さん、金田拓也さん、竹内真二さん、河西健一郎さん、遠藤大輔さん、山口彰さん、猪狩丈治さん、内藤仁雄さん、蛯谷敏さん、日向貴彦さん、大田正文さん、清水敬輔さん、野呂エイシロウさん、嶺井政人さん、鈴木信吾さん、内村健太郎さん、清水健介さん、石川勉さん、亀井智英さん、郭翔愛さん、松本洋介さん、尾家健二さん、林隆一郎さん、瓜生圭介さん、荒井淳一さん、岩瀬大輔さん、田中良和さん、岸田祐介さん、吉松徹郎さん、浜田岳文さん、関駿介さん、安藤優一さん、保田隆明さん、高島宏平さん、Dudley Chou さん、矢澤幸三郎さん、大塚雄三さん、大野暉さん、郡司東彦さん、佐藤完さん、穐田誉輝さん、小澤隆生さん、川邉健太郎さん、佐藤大悟さん、森岡康一さん、森田正康さん、永田大輔さん、田中祐介さん、宮下藏太さん、分部悠介さん、小野壮彦さん、片岡寛さん、鈴木快明さん、平井陽一郎さん、熊本浩志さん、山崎大輔さん、進藤隆富さん、大岩正志さん、久下尋厚さん、倭田須美恵さん、椛島麻奈美さん、松本淳さん、比木武さん、金麗雄さん、野村舞衣さん、田中大司さん、藤堂正健さん、細川一彦さん、Matt Romaine さん、神村昌志さん、高野秀敏さん、岩手佳代子さん、狩野浩一さん、牛山大さん、高野聖玄さん、John Sepenuk さん、辻鎮雄さん、柳原弘味さん、戸田幸子さん、吉住康弘さん、三井隆さん、信原清文さん、宮崎雅臣さん、近藤洋祐さん、岡島悦子さん、Marc Cenedella さん、Simon Childs さん、Jason Dacaret さん、Jonathan Guilfoile さん、Michael Case さん、Casey Wahl さん、大村淳己さん、本嶋悠也さん、藤井康平さん、合原和也さん、井ノ上智洋さん、安齋研一郎さん、田中祥子さん、坂本直子さん、金山栄樹さん、小山田翔子さん、金子とも子さん、斎藤立さん、高松真美子さん、岩切将一さん、上野聡太さん、島津尚人さん、反町まりさん、三井雄貴さん、増木大己さん、小野孝晃さん、中村智樹さん、山根純平さん、山本一貴さん、秀口成勲さん、内山賢尚さん、戸澤健太さん、笹川大和さん、竹田洋太郎さん、吉田太一さん、矢野瑶子さん、中屋恵理さん、甲斐優理子さん、白石梨紗さん、田中美子さん。

三木谷浩史さん、島田亨さん、池田敦司さんはじめ、東北楽天ゴールデンイーグルスでお世話になった方々、また、プロ野球業界でお世話になった方々。

## 謝辞

### ――出会った人すべてに感謝を

最後に、無茶な挑戦ばかりする僕を、いつも見守ってくれている両親、南九州男、南恵美子にも。

前著と同様、すべての人の名前を挙げることができないのが残念だけれど、今まで出会ったすべての人に感謝します。本当にありがとうございます。

[著者]
**南 壮一郎**（みなみ・そういちろう）
1976年生まれ。株式会社ビズリーチ代表取締役 兼 株式会社ルクサ代表取締役。

1999年、タフツ大学数量経済学部・国際関係学部の両学部を卒業後、モルガン・スタンレー証券に入社。だが幼少期よりの夢であるスポーツビジネスへの憧れを抑えきれず、2003年に独立、ツテもコネも何もない、ゼロからの挑戦を始める。数多くの出会いと学びを得るも、ITバブル崩壊後の不況の中、まったく仕事に結びつかず、どん底を味わう。2004年、楽天株式会社代表の三木谷浩史氏に直談判し、「楽天イーグルスの創業メンバー」の座を獲得。チーム運営や各事業の立ち上げをサポートした後、GM補佐、ファン・エンターテイメント部長などを歴任し、初年度から球団事業においては不可能とされていた黒字化成功に貢献する。

2007年、さらなる夢「メジャーリーグの球団オーナーになる」ため楽天を退社し、経営の経験を積むべく、株式会社ビズリーチを設立。当初は「最後は自分でやればいい」という考えに縛られ、廃業寸前まで追い込まれるものの、仲間を信頼し、任せられたことを機に立て直しに成功し、2009年４月に、エグゼクティブ向けの転職市場に特化した日本初の求職者課金型の転職サイト「ビズリーチ」を開設。2013年現在、会員数17万人、企業1000社、ヘッドハンター900人が登録するサイトに成長している（３月には会員数18万人を突破した）。

2012年には、「日本人に世界で働く選択肢を」との想いで、シンガポールはじめアジア各国に自ら飛び込み、同年10月、アジア版ビズリーチ「RegionUP（リージョン・アップ）」を開設。

その他、2010年８月には、プレミアム・アウトレットをイメージしたECサイト「LUXA（ルクサ）」を立ち上げ、分社化した株式会社ルクサの代表取締役を兼任。

著書に、『絶対ブレない「軸」のつくり方』（ダイヤモンド社）がある。

感想をぜひお送り頂ければ幸いです。

Email：burenai@bizreach.co.jp
Twitter：swimmym
Facebook：sminami

# ともに戦える「仲間」のつくり方

2013年3月27日　第1刷発行
2025年3月13日　第9刷発行

著　者——南壮一郎
発行所——ダイヤモンド社
〒150-8409　東京都渋谷区神宮前6-12-17
https://www.diamond.co.jp/
電話／03･5778･7233（編集）　03･5778･7240（販売）
構成・執筆協力—甲町岳人
装丁、本文デザイン—水戸部功
校正————小熊立夫
製作進行——ダイヤモンド・グラフィック社
印刷————八光印刷（本文）・加藤文明社（カバー）
製本————本間製本
編集担当——廣畑達也

©2013 Soichiro Minami
ISBN 978-4-478-01772-2
落丁・乱丁本はお手数ですが小社営業局宛にお送りください。送料小社負担にてお取替えいたします。但し、古書店で購入されたものについてはお取替えできません。
無断転載・複製を禁ず
Printed in Japan

◆ダイヤモンド社の本◆

## 「このままでいいのか」 やりたいことの前で悩むすべての人へ

カネなし、コネなし、実績なしの「どん底」から、楽天・三木谷社長を20分で口説き落とし、「楽天イーグルス創業メンバー」の座をつかみとった若手起業家が教える、夢への「一歩の踏み出し方」とは。

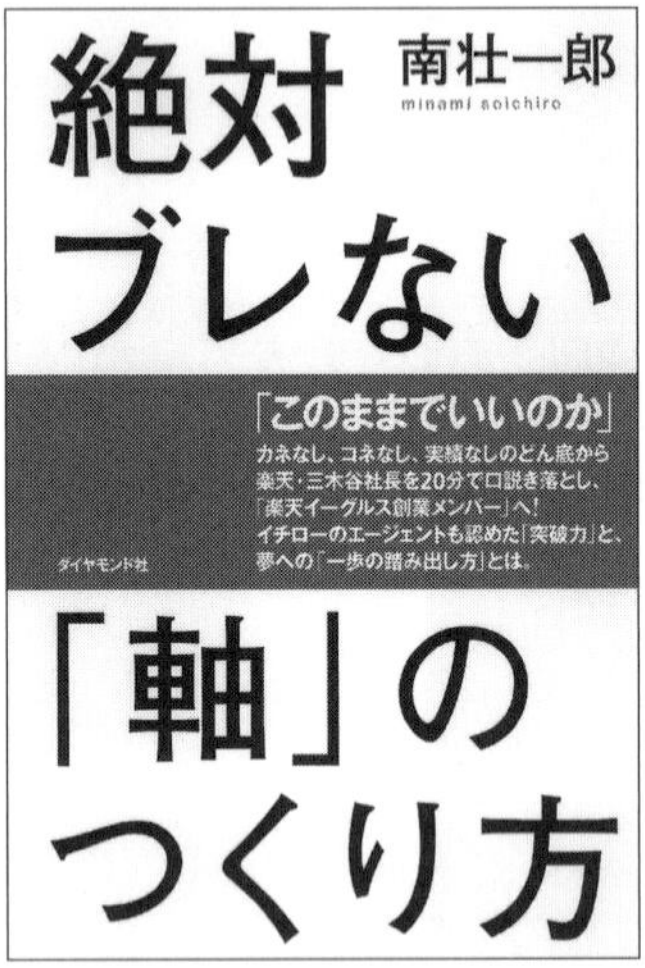


**絶対ブレない「軸」のつくり方**

南壮一郎［著］

●四六判並製●定価（本体1429円＋税）

http://www.diamond.co.jp/